第一三三辑

老照片

OLD PHOTOS

主编 冯克力

U0812136

山东画报出版社

执行编辑 赵祥斌
特邀编辑 张 杰
丁 东
邵 建
美术编辑 王 芳
特邀审校 王者玉
赵健杰

图书在版编目（CIP）数据

老照片.第133辑 / 冯克力主编. —济南：山东画报出版社，2020.10
ISBN 978-7-5474-3589-2

Ⅰ.①老… Ⅱ.①冯… Ⅲ.①世界史—史料 ②中国历史—现代史—史料 Ⅳ.①K106 ②K260.6

中国版本图书馆CIP数据核字（2020）第190496号

老照片.第133辑

冯克力主编

责任编辑 赵祥斌
装帧设计 王 芳

出 版 人 李文波
主管单位 山东出版传媒股份有限公司
出版发行 山东画报出版社
社 址 济南市市中区英雄山路189号B座 邮编 250002
电 话 总编室（0531）82098472
市场部（0531）82098479 82098476（传真）
网 址 http://www.hbcbs.com.cn
电子信箱 hbcb@sdpress.com.cn
印 刷 山东临沂新华印刷物流集团有限责任公司
规 格 140毫米×203毫米 1/32
6印张 130幅照片 120千字
版 次 2020年10月第1版
印 次 2020年10月第1次印刷
书 号 ISBN 978-7-5474-3589-2
定 价 20.00元

目录

美联社记者韩森的红色之旅

王 淼

1950年3月13日，美国参议院外交委员会听证会上，参议员麦卡锡（Joseph Raymond McCarthy）指控时任美国国务院官员的韩森(Haldore Hansen，1912—1992)为“亲共产主义者”“抗战爆发时在北平编辑共产主义刊物”“长期与中国共产党游击队为伍，替他们撰写新闻报道和拍摄照片”“在他的书中认为共产主义是解决亚洲问题的答案”。在罗列了一大堆罪名后，麦卡锡给韩森下了一个结论，“此人是肩负着向全世界输出共产主义任务的人”。此时，麦卡锡主义刚刚在美国兴起，一大批与中国有关的美国学者、官员被指控通共，而美国国务院则被麦卡锡炮轰为“共产主义大本营”。几个月以后，国会调查组洗刷了韩森的不白之冤，但他仍然在1953年被迫从美国国务院离职。作为麦卡锡主义的受害者之一，韩森最大的过错恐怕就是在抗战时期和中国共产党有直接接触。

作为少数几个抗战初期深入抗日根据地，采访过中国共产党最高领导层的西方记者，韩森留下了大量珍贵的照片和文字报道。在晋察冀根据地和延安，韩森不但拍摄了毛泽东、朱德、周恩来、彭德怀、贺龙、聂荣臻、王震、杨尚昆、罗瑞卿、萧劲光、

图 1 韩森在河北阜平

徐海东、徐特立等中共领导层的照片，也留下了八路军战士、“红小鬼”、中国老百姓等普通民众的身影。其关于中国抗战形势与抗日根据地的英文报道大多发表在中外著名英文报刊，许多文章还被翻译成中文转载于国内报纸。美国学者肯尼斯·休梅克甚至称韩森为抗战前期最值得注意的与中共有深入接触的西方人之一。然而，令人奇怪的是，在此后的学术研究和一般的纪实作品中，韩森却奇迹般地消失了。无论中国还是西方世界，韩森很长一段时间似乎都并不存在于历史研究的长河里。

韩森所拍摄的珍贵照片，也只有一部分为世人所知。1983 年，韩森访问中国时，向中国人民革命军事博物馆捐赠了一百五十余幅照片，其中只有极少数公开展出过。1986 年，韩森出版了个人的回忆录《我在第三世界的五十年》（*My Fifty Years Around the Third World*），其中收录了十几幅抗战时期的照片。直到 1992 年韩森去世后，其夫人将这批照片捐给韩森的母校卡尔顿学院，随后校方将这批照片数字化，并放在互联网上，韩森及其所拍的珍贵照片才逐渐被外界所知。2017 年，韩森出版于 1939 年的著作 *Humane Endeavour: The Story of The China War* 被翻译成中文，由解放军文艺出版社以《中国抗战纪事》为书名出版，书中将韩森捐赠给军博的照片公之于众。不过，无论是卡尔顿学院网站上的韩森照片集，还是军博的收藏并非韩森照片的完璧。作为战时美联社雇用的在华兼职记者，韩森所拍摄的大量照片和撰写的通讯稿、战时日记等都完整保存在美联社档案数据库中。光是照片而言，就有三个影集，总计五百零七张。

在中国共产党的发展历程中，西方在华新闻记者如埃德加·斯诺、史沫特莱、爱泼斯坦曾经提供了巨大帮助。抗日战争全面爆发后，大批西方新闻记者来到延安，希望了解这个在外界看来带有神秘色彩的组织及其领导下的抗日军民。根据韩森的两本回忆录以及其原始档案，笔者尝试还原这名带有冒险和传奇色彩的美国记者在战时中国的经历。

图2　吕正操正在试验榴弹发射器。

图3　河北省安平县举办的一场抗日剧演出

图 4　欢迎韩森的标语

一、奔向东方：从冒险者到战地记者

1912 年，韩森出生于美国明尼苏达州德鲁斯。1934 年，他从卡尔顿学院毕业时正是美国刚走出大萧条危机的时刻。作为一名经历过史无前例的世界性经济危机的大学生，韩森和他的同学都为个人前途所困扰。由于韩森本科毕业论文方向是中日关系，他被当时前往远东冒险发财的社会风潮所吸引，加上一名中国同学答应他，可以帮助他到北平寻找机会。因而，身无分文的韩森就向银行贷了一笔款项，拿着一百二十五美元踏上了开往东方的客轮，其目标是到中国成为自由作家或新闻记者。

在旧金山港口，韩森因为资金不足，偷上了一艘日本客轮。不过，很快他就被船员抓住了，随后被日本人关进了船上的禁闭室。客轮到达檀香山后，韩森被赶下船，关入了檀香山监狱。

图5　战士们正在使用缴获的日军重机枪。

图6　根据地的机动部队

当地法官对他网开一面，判他支付船费，并搭乘下一班轮船离开。韩森在花完了身上所有的钱后，搭船到了日本东京。他投奔了东京的一个笔友诚一浅田，浅田带着他参观了东京繁华的商业中心，还和他一起到富士山露营。在日本的一个多月，韩森目睹了日本社会的军事化，百货商场里放置着日本海军的大幅宣传展览图片，学校里的学生研究海军新型战舰模型和机关枪。日本青年在野营过程中展示的坚忍不拔的毅力，让韩森惊叹不已。

1934 年 9 月，韩森来到北平，靠着给曾任清华学校校长的张煜全做英文秘书维持生计。第二年，他在一家中国商业专科学校任教，同时在一所中学教授体育。在努力学习中文的同时，韩森进入了北平的西方记者圈子，结识了一些后来赫赫有名的

图 7　战士们正在训练。

图 8　一位腰别驳壳枪的小战士

西方记者，如 1938 年编辑出版《外人目睹中之日军暴行》的澳大利亚记者田伯烈（H. J. Timperly）以及埃德加·斯诺等人。斯诺建议他到中国各地漫游，撰写稿件出售给在华的英文报刊。

1935 年暑假，韩森开始到中国各地旅行。为了方便考察，1936 年，韩森前往汉口的华中大学教授英文，他还兼任汉口的《自由西报》（*Hankou Herald*）编辑，并替美联社撰写稿件。他的文章开始发表在上海的一些英文报刊上，如《大陆报》（*The China Press*）、《密勒氏评论报》（*The China Weekly Review*）、《字林西报》（*The North China Daily News*）等。

1937 年暑假，在华中大学的学期结束后，韩森回到北平。他加入斯诺夫妇创办的英文刊物《民主》（*Democracy*），这是一份宣传抗日特别是主张联合各方力量抵抗日本侵略的杂志。在韩森回到北平两周后，卢沟桥事变爆发。韩森和他的新闻记者朋友不顾危险，多次前往中日交战的前线观察实际战况。纽约的美联社为了及时报道战争状况，此时正式雇用韩森为驻华战时记者。此后，韩森跟随日军在河北、察哈尔等地报道战场情况，及时向美国发回第一手战时新闻。

1937 年 9 月底，日军在付出惨重代价后占领保定。韩森在战斗结束后来到保定，通过采访当地中外民众，他记录了日军

图 9　身穿缴获的日军制服的游击队员正在练习刺杀。

图 10　三位女战士

图 11 河北蠡县模范小学的学生

强奸中国妇女、随意枪杀无辜民众、烧毁房屋、轰炸西方建筑等暴行。在韩森返回北平时，在火车站遭到扣留，他随即被日军宪兵关押审问。作为唯一到访过保定的西方记者，韩森将其撰写的新闻稿交给了前来探望他的友人，并通过日本人的航空邮件寄到美国，新闻稿刊登在纽约的各大报纸。日军对此既震惊又难以理解，韩森最终被关押了两周后获释。

二、穿越火线：到抗日根据地

1938 年 5 月，美联社指示韩森穿越日本封锁线去观察中国

图 12　在八路军战士的护送下，韩森在山峦间行走。

共产党在敌后创建的游击区。韩森在 6 月 11 日通过一名中共地下党员，成功地从日本占领下的北平来到吕正操领导的冀中军区。在韩森的采访日志中，详细记录了穿越日军封锁线的场景。两万名游击队员被集中起来欢迎第一位到访的外国记者，在高呼“打倒日本帝国主义”的口号声中，韩森说他在游击队员的

图 13 民众正在把古老的大钟挂起来，用钟声当作防空警报。

脸上第一次看到了战争期间中国人脸上真正洋溢着的快乐。在安平县吕正操的司令部，韩森近距离地采访了他认为的这位略显“害羞”而又“自尊和自信”的中共军队领导人。韩森深入观察了游击队的各种组织、军事和后勤设施以及普通士兵。他

图 14 八路军战士非常珍爱他们的马。

还跟随游击队一起参加了包围安国县城的战斗，直接从前线观看中共游击队和日军的作战。

韩森被冀中根据地抗日军民所表现出来的英勇无畏所感动，在他发表于著名的《太平洋事务》（*Pacific Affairs*）杂志的文章中指出，日本占领区内的中共游击队和地方自卫政府成为日军的巨大麻烦。这篇文章影响非常大，著名国际友人林迈可（Mechael Lindsay）就是读了韩森的新闻报道决定到冀中游击区的。后来该文被上海的《译丛周刊》以“活跃于华北与华中的中国游击队”为题刊登出来。

1938 年 7 月，晋察冀军区司令员聂荣臻派人将韩森护送到山西五台的根据地。在阜平县，韩森碰上了刚刚从延安访问归来的美国驻华武官海军陆战队上尉卡尔逊，其作为罗斯福总统特使深入华北抗日根据地，去考察中共领导的武装力量。卡尔逊对毛泽东和朱德的描述让韩森对其红色之旅充满了期待。卡尔逊在其后的名著《中国的双星》一书中称赞韩森具有“不寻常的事业心和进取心”，是“访问山西和河北游击区的第一个西方记者”。

在五台的晋察冀根据地，韩森和根据地领导人聂荣臻、宋劭文、刘光运都有接触，并多次采访聂荣臻。聂荣臻关于中共游击队主要从政治方面对日军形成打击和采取破坏日军铁路以及长期斗争的策略给韩森留下了深刻印象。聂荣臻还邀请韩森

图 15 为削弱游击队的力量，日军烧毁了根据地的村庄。

图 16 持冷兵器的民兵

参加根据地在 1938 年 7 月 7 日举行的纪念“七七”抗战一周年及追悼阵亡将士大会。韩森也在大会上发言，根据《晋察冀日报》的报道，韩森谈到“我被诸位的精神感动了，暴风雨不能阻止你们开会。同样，日本帝国主义也不能战胜你们”。

在离开五台前往山西屯留八路军总部时，韩森遇上了另外两位国际主义战士白求恩和布朗医生。韩森在他的著作中对白求恩及其医疗团队的工作也做了细致描述，认为白求恩为“游击队提供了非常出色的服务”。白求恩在给友人的信中则形容韩森为“一个善良的小伙子，个子很小，但在政治上很单纯”。

1938 年 7 月底，一支参加过长征的八路军精锐部队护送韩

图 17　一位少年号兵

森，八路军士兵在恶劣装备下所展示出的高昂斗志和强大战斗力让韩森迷惑不解。他认为八路军士兵坚强的政治信仰可能是主要原因。在晋南沿途所见日军的侵略暴行，让韩森认识到日军“恐怖主义政策只能唤起那些从前对战争持冷漠态度的农民，甚至坚定了乡村绅士阶层的抗日斗志”。8月初，韩森在屯留故县镇的八路军总部待了五天。虽然朱德不在总部，但是他采访了包括彭德怀在内的许多八路军官兵。

8月中旬，韩森转道西安，在这里他第一次近距离地接触了八路军总司令朱德。朱德所表现出来的沉着老练使得他对外界送给朱德的“中国的拿破仑”外号表示不解。在他看来，朱德更多的是“喜欢安静，彬彬有礼”。韩森前往延安采访的事宜由驻在西安的陕甘宁边区政府主席林伯渠亲自办理。

三、采访毛泽东：延安的客人

9月14日，韩森与彭德怀、邓小平同车前往延安。从9月17日开始，韩森在延安待了两个星期，对这个“青年心中的圣地”做了深入和细致的观察。韩森在延安街头目睹普通民众的

图 18　韩森和白求恩

图 19　“小鬼头”正在练习将在群众大会上表演的节目。

日常生活，和延安的军民一同观看免费播放的苏联电影，到抗日军政大学体验爱国青年学生的学习，在操场上聆听朱德总司令的演说，拜访鲁迅艺术学院的文艺家如丁玲、沙汀，请延安的军政领导人如王震、徐海东、贺龙、谢觉哉、罗荣桓、萧克、关向应、罗瑞卿、杨尚昆、萧劲光等人吃烤鸭。在他采访了贺龙和徐海东两位将军后，两位将军讲述的与日本军队作战的经历，让韩森意识到中共军事指挥官的勇敢顽强。而在和时任抗大校长林彪的交谈中，他对中国青年为何前赴后继地投奔延安也有了新的认识。

韩森在延安最重要的一次采访是对毛泽东的长达六个半小时的访谈。这次访谈从晚上 8 点半持续到凌晨 3 点，毛泽东热情而周到的待客之道，甚至亲自给韩森端椅子和倒茶，让他感

图 20　一位女教师正在面向女性开课。

图 21 延安各界民众纪念“九一八”大会

到毛泽东像是“一位在客厅接待客人的有教养的英国绅士”。而毛泽东对于抗日战争进程的准确预测和宏大战略视野，则让韩森深刻明白“毛主席”为何广受中国民众欢迎。毛泽东的《论持久战》在韩森到来前刚刚出版，他向韩森讲解中国抗日战争所必须经历的战略防御、战略相持、战略反攻三个阶段。毛泽东令人惊叹地预测武汉和广州将会沦陷，日本军队在占领中国东部沿海交通线后，将因为敌后游击队的打击和军事力量不足被迫停止进攻。韩森当时在他的采访日志中表示了怀疑，而随后的历史进程则证实了毛泽东预测的准确性。

在回答韩森关于“新民主主义革命”和“统一战线”的问题时，毛泽东耐心地解释了中国共产党当前的任务是团结各方力量抵抗日本侵略，但是并不意味着中共的革命纲领有所改变。毛泽东展望了中国革命的前途，指出在打倒日本帝国主义之后，中国将面临和平建国的契机。中共希望用一种和平方式解决与国民党的矛盾，进行社会改革。尽管内战并不符合中华民族的最高利益，但是如果资产阶级破坏统一战线，与中国人民为敌，那么中共除了武装反抗并没有别的选择。

韩森在其采访日志中感慨，毛泽东不懂任何一种外语，却知道天下事。这个看起来其貌不扬，甚至更像农民的领袖，远远超过了那些出国留洋和正规大学的毕业生。而毛泽东的谦虚好学和富于逻辑的思维也给韩森留下了深刻印象。

10月1日，韩森结束了延安之行，他此后坚定地认为中

图22 延安窑洞前的知识女性

共比其他任何组织都在全心全意地抵抗日本侵略。韩森在1939年1月回到美国。同年，他将自己在中国的经历写成*Humane Endeavour: The Story of the China War*（中文译名为《中国抗战纪事》）一书出版。虽然评论界给予该书极高的赞誉，却并不畅销。韩森回到美国先是从事新闻业，后在1942年初进入美国国务院，负责与中国有关的文化事业工作。

韩森于1953年离开美国国务院后，开始到第三世界国家从事农业方面的工作。1975年9月，韩森到中国考察农业，此后多次到中国指导农业生产。在他1986年出版的回忆录中，韩森提到了中国在改革开放后的巨大变化和进步，直言其变革远远超出了大多数人的预计，和他在五十多年前所居住的中国变得完全不一样了。

“云”消“芳”未散

胡　剑

在安徽省安庆市和湖南省长沙市，曾经各有一家字号完全相同的照相馆——云芳照相馆。据安庆市作家协会副主席、安徽历史文化研究中心研究员张健初先生介绍，安庆和长沙的云芳照相馆，其老板均系原籍为安庆的郑云芳先生（见新浪博客“安庆老城闲人”）。

图 1　1934 年 6 月 26 日，云芳照相馆登在《皖报》上的广告。图片来自张健初先生的博客。

安庆位于安徽省西南部、长江下游北岸，西接湖北，南邻江西。由于地处要津，从清乾隆二十五年（1760）到民国二十七年（1938），安庆长期作为安徽省省会，是安徽省政治、经济、文化中心，也是中国较早接受近代文明的城市之一，素有“万里长江此封喉，吴楚分疆第一州”的美称。

1897 年 10 月 21 日，郑云芳出生在安庆一个小商人家庭。

图 2 1940 年 4 月，第六战区与第九战区部分官佐在长沙（局部）。长沙云芳照相馆摄。

较好的家庭环境使他在一所私塾学校受到了良好的教育，郑云芳对能够定格岁月、留住影像的照相术产生了浓厚兴趣。1925 年前后，郑云芳在钱牌楼街中段一个叫聚星里的老宅子里租了一处门店作为照相馆，并以自己的名字“云芳”作为照相馆的字号。云芳照相馆的大门，正对着人流如织的熏风巷（如今是安庆有名的“美食小吃一条街”）。得天独厚的地理位置，为吸引过往路人、扩大照相馆业务创造了有利条件。

在云芳照相馆开张之前，安庆已经有数家名气很大的照相馆，如新光电影院前东西辕门（原省政府大院大门）一带，分别有光华楼照相馆、翠芳照相馆，吴越街东南街口还有中华照相馆。而郑云芳新开业的照相馆，竟然还与老字号的镜波照相

图3 1940年4月，长沙东门外。长沙云芳照相馆摄。

馆同在钱牌楼街上！面对众多强手，郑云芳依然踏进照相业，显然是看中了照相业丰厚的利润。业内人士称，照相业的纯利润一般都在百分之二百以上。按照当时的物价和生活水平，照相馆的老板明显属于高收入人群。

作为商人之子的郑云芳，骨子里流淌着父辈经商理财的优秀基因且深谙经营之道。如何在竞争激烈的照相业占据一席之地，不断将自己的照相馆做大做强，郑云芳自有他独到的眼光和独特的经营策略。

首先，添置新型硬件设备。常言道：工欲善其事，必先利其器。摄影器材是照相业主要和基本的硬件设备，功能完备的新型照相器材和暗房设备是照相馆拓展业务、赢得客源的先决

图5 20世纪40年代，第二十七集团军士兵训练的场景。长沙云芳照相馆摄。

条件。为此，郑云芳亲赴上海，花巨资购买了一批当时高档的照相器材。特别是美国柯达公司1900年推出的一款全景转头相机，成了他的“镇馆之宝”。这款照相机除了以往照相机的功能之外，其镜头和机身还可一起转动。拍摄的幅面可根据需要由摄影师自行掌控，既能拍摄简单的人像，还可拍摄画面宏大的场景，拍人数较多的团体合影尤为适用。这款超前的高端照相机，在当时的安庆引起了轰动，云芳照相馆的生意很快打开局面，并在安庆市场站稳了脚跟。到1937年，云芳照相馆已成为安庆市照相业中的独资大户。

其次，满足各类顾客需求。民国时期很多照相馆的老板，都喜欢标榜自己的照相馆是“最新的设备、最好的布景，最快

图6 1944年3月12日植树节，驻军军官正在演示植树。安庆云芳照相馆摄。

的洗印、最廉的价格”。在经营过程中，郑云芳非常善于把握市场行情，揣摩顾客心理，他除了以上“四个最”之外，尤其注重为各类顾客提供“最佳的服务”。郑云芳很清楚，在那个年代，只有家境不错的人家，才有可能拿出闲钱到照相馆去体体面面地照相，而这样的家庭显然不多。对于普通百姓来说，由于生活拮据，拍一张相片是一件不容易的事情。所以，大多数人都把照相看成生活中重要的仪式，一般只有在逢年过节或者生辰、结婚这样的大喜日子，才会来照相馆照相。为了方便顾客，他改变了照相馆坐商经营的传统模式，根据顾客要求，随时到顾客约定的地点提供现场拍照，并帮助顾客完成拍摄中各个流程的衔接与协调，确保顾客满意。

再次，跨省经营拓展市场。正当云芳照相馆的生意做得如火如荼的时候，1938 年 6 月 1 日，日军展开“安庆攻略战”。6 月 10 日夜，日本海军集结大批战舰、汽艇、商轮，在航空兵团的掩护下，由芜湖溯江而上，向安庆市大举进攻。12 日凌晨，日军在马窝子和大王庙登陆。安庆沦陷后，云芳照相馆所在的聚星里被日军霸占，许多照相馆关门停业，安庆照相业的生意一度变得萧条。后来虽陆续有十几家照相馆恢复营业，但生意普遍大不如前。这期间，安庆市的云芳照相馆由郑云芳的徒弟杨积华代为经管，而郑云芳则在安庆沦陷之后，开始到外省拓展新的市场。他带着部分员工和照相器材辗转来到长沙，在繁华市区租了个店面，将“云芳照相馆”的一块新招牌挂了出来。

图 7 1945 年 2 月，战地婚礼。长沙云芳照相馆摄。

图 9　1929 年 2 月，衣着光鲜的大户人家。安庆云芳照相馆摄。

这样，安庆和长沙便同时有了字号相同的照相馆。

最后，义务拍摄广揽客源。“诚招天下客，誉从信中来”是郑云芳一贯遵奉的经营信条。正所谓在商言商，以利为重。郑云芳在经营过程中，始终坚持既讲义又言利。他不仅以利润最大化为目标，而且也追求自身社会地位和自我价值的实现，从而达到“以义求利，德惠同至”的境界。他深知要经营好自己的照相馆，必须以质量和信誉来赢得顾客，同时，也要讲究方式和策略，主动为社会各界服务。因此，不论在安庆还是长沙，他经常扛着照相机，到医院、学校和部队为社会团体义务拍照。这种免费提供的照相服务，产生了良好的广告效应。加之郑云芳很注重画面拍摄的效果和照片的洗印质量，深受顾客信任。

图10 20世纪20年代，小脚女人与她的丈夫和儿子。安庆云芳照相馆摄。

当年，国军第二十七集团军总司令兼第二十军军长杨森的部队曾先后在安庆和长沙一带驻守，凡是军中的重要活动，杨森都要派专人去请郑云芳到现场拍照。

笔者收藏的云芳照相馆的老照片，既有安庆云芳的，也有长沙云芳的，拍摄时间基本上都是在20世纪三四十年代。有的在照片上方拍摄日期后面写着“云芳摄赠”或“云芳”“云芳摄影”“云芳照相”等字样，有的在照片下方盖有“安庆

图 12 20 世纪 30 年代，持枪的儿童与他的小伙伴。安庆云芳照相馆摄。

云芳”“钱牌楼”和英文“YUNGFANG STUDIO ANKING（或 ANCHING）”等字样的钢印，有的在照片背面由照片的主人或保管者写着“云芳摄影”和拍摄时间。从这些老照片可以看到，一些重要事件和当年的风云人物曾在云芳照相馆留下了印记。

从 20 世纪 30 年代到 40 年代，安庆和长沙两地的云芳照相馆还拍摄了大量的团体合影，记录了当时杨森所部驻守安徽和湖南的一些情况。笔者收藏的主要有：1938 年 3 月，二十军一三三师全体官佐于安庆；1938 年 5 月 11 日，安徽省会各界欢宴第二十七集团军二十军、二十一军各级官佐时合影；1940

年 3 月 6 日，二十军体育节运动大会篮球比赛实况；1940 年 3 月 26 日，湖南平江长寿各界三月份扩大国民月会杨副长官宣读誓词；1940 年 4 月，长沙会议开幕典礼；1940 年 4 月，第六战区与第九战区部分官佐在长沙（图 2）；1940 年 7 月 7 日，湖南平江各界抗战建国三周年纪念暨讨逆锄奸大会；1941 年 1 月，第二十七集团军总司令部、第二十军一三三师、一三四师于第九战区干训团第一期受训人员欢迎副长官训词；1941 年 1 月 24 日， 第二十七集团军春节运动大会全体选手给奖典礼（图 4，见中插）；1941 年 11 月 17 日，第九战区于岳麓山举行第二次长沙会战阵亡将士追悼大会；1942 年 11 月 12 日，三青团平江

图 13 20 世纪 30 年代，商号老板及其合伙人。安庆云芳照相馆摄。

图 14 1941 年 6 月，琴瑟和鸣的恩爱夫妻。长沙云芳照相馆摄。

图 15 1943 年 3 月，初春郊外的青年教师。安庆云芳照相馆摄。

图 16 1947 年 5 月，亲如一家的三妯娌。长沙云芳照相馆摄。

图 17 1948 年 6 月，戴博士帽的青年才俊。长沙云芳照相馆摄。

分团主办第三届“杨森杯”篮排球赛；1943 年二十七集团军春季运动大会开幕典礼；1944 年 3 月 12 日，安庆植树节（图 6），等等。

此外，笔者收集的云芳照相馆老照片中，还有大量市井人物的留影，如毕业前夕的莘莘学子（图 8，见中插）、衣着光鲜的大户人家（图 9）、小脚女人与她的丈夫和儿子（图 10）、风华正茂的同乡学友（图 11，见中插）、妙龄少女湖畔倩影、穿旗袍的少妇、秋游途中的师生、江边戏水的中学生、持枪的儿童和他的小伙伴（图 12）、商号老板及其合伙人（图 13）、秀肌肉的热血男儿、镶金牙的时髦女郎、琴瑟和鸣的恩爱夫妻（图 14）、初春郊外的青年教师（图 15）、亲如一家的三妯娌（图 16）、戴博士帽的青年才俊（图 17）、新潮时尚的

图 18 20 世纪 40 年代，新潮时尚的大家闺秀。安庆云芳照相馆摄。

大家闺秀（图 18）、清纯可人的小家碧玉（图 19）、新郎新娘与家人的合影（图 20）、淳朴憨厚的家庭主妇、戴礼帽持文明棍的绅士、戴瓜皮帽的商号老板、一个父亲和他的两个宝贝女儿、和睦的一家人（图 21，见中插），等等。

关于安庆云芳照相馆，还有一件事值得一提。笔者在 2014

年8月1日的“安庆论坛”上，见到这样一篇帖子，大意是：一个名叫陈一嘉的重庆女孩，在法国布雷斯特留学期间寄宿在当地一户人家。有一次她与房东聊天时，男主人拿出一张老照片，说他曾祖父是中国人（图22）。照片上有“安庆云芳”的钢印，另外还写着“给我友约娜”“一九三一年六月于巴黎”等字样。由于他曾祖父留在照片上的名字不好辨认（疑似“劳学”），他也不知道曾祖父的中文名字，更没有其他相关的信息。陈一嘉说，她的房东托她通过媒体帮助寻找一下他曾祖父家是否还有亲人健在。但愿这位中法混血儿的后裔，其曾祖父亲友的后人能够有幸看到这辑《老照片》，以帮他圆寻亲之梦。

图19 20世纪40年代，湖南平江的村姑。长沙云芳照相馆摄。

世事沧桑，物换星移。在半个多世纪的经营中，跟许多曾经的老字号照相馆一样，云芳照相馆也有它从创立、发展到衰败再到消失的历程。据长沙照相业的有关史料记载：郑云芳到长沙开业时，当时的长沙照相业已有“新华”“蓉光”“四明”“大光明”四强称霸。但郑云芳凭着自己的实力，顽强地生存了下来。抗战期间，云芳照相馆也因战火多次易址，一度还曾搬到乡间。抗战胜利后，长沙照相馆恢复到二十多家。新址位于伯陵路（今蔡锷路）的云芳照相馆，一度成为长沙颇有名气的大照相馆。那段时期，湖南的国民党军政要人常去该店照相，各种重要会

图 20 20 世纪 40 年代，新郎新娘与家人的合影。长沙云芳照相馆摄。

议的团体合影几乎全由该店包揽。

20 世纪四五十年代，长沙照相业仍有不断发展，各类照相馆达到近五十家。公私合营之后，长沙的云芳照相馆还成了湖南全省国营照相馆中的一枝独秀。1960 年 12 月 17 日，六十三岁的郑云芳先生在长沙去世。自此，长沙的云芳照相馆只保留了“云芳”的字号，人们也渐渐忘记了从安庆千里迢迢漂泊到长沙的创始人郑云芳先生。

而安庆的云芳照相馆，自 20 世纪 40 年代后期，在郑云芳的徒弟杨积华代管一段时间之后，又由郑云芳的弟弟郑云发经营。后来，郑云芳的儿子郑泽凌从长沙回到安庆，因其与前女

图 22 一位法国人的中国曾祖父。约 20 世纪 30 年代摄于安庆云芳照相馆。

友分手，法院裁决时将云芳照相馆判给了女方。于是，云芳照相馆的新主人又变成了黄荣芝。20 世纪 50 年代初期安庆的一份统计资料显示：当时城区共有照相馆十三家，较大的八家，从业人员十六人，资金二百九十万元，其中云芳照相馆只有十万元左右。1956 年公私合营后，在保留的五家照相馆中，依然有“云芳”的字号。20 世纪 60 年代，为了彰显老字号的声誉，安庆的钱牌楼老街上悬挂着“云芳照相馆安庆总馆”的招牌。显然，这里的“总馆”是指除安庆之外，在别的地方还有“分馆”。1988 年 7 月，安庆在旧城改造过程中，钱牌楼老街的云芳照相馆被拆除，所有设备器材被移至宜城路 93 号的龙江照相馆。自此，历经六十多年的风雨岁月，安庆的云芳照相馆终于在这座历史文化名城永远消失了。

图 23 1946 年，十六岁的严凤英摄于安庆云芳照相馆的生活小照。图片来自张健初先生的博客。

2019 年 12 月至 2020 年 5 月，经多方寻访，笔者联系到郑云芳先生的曾孙女小郑，试图通过她获取云芳照相馆和郑云芳先生及其亲属相关的信息资料。因年代久远，她对 20 世纪 60 年代初就已去世的曾祖父，显然并不知晓。她告诉我，郑氏家族的亲属现在散居全国各地，有的已在国外定居，平时大家都很少联系。她的爷爷奶奶早年去世，退休后的父亲因患脑梗已失去记忆，其他健在的父辈亲属对祖辈的往事也已淡忘。她估计天津有个姑姑（郑云芳的外孙女）可能知道一些情况，就把联系方式告诉了我，但被她的姑姑婉言谢绝了。最近听小郑说，她的姑姑也是八九十岁的老人了，她们多年都没有来往，是我找到她后，她才叫我试着跟她姑姑联系的。近年来网络电信诈

图 24 郑云芳的家人合影。20 世纪 60 年代中期摄于长沙云芳照相馆。图片由郑云芳的曾孙女提供。

骗很多，老年人不愿与陌生人打交道可以理解。

小郑是长沙市的一位医务工作者，虽然只有二十几岁，却是单位的业务骨干，平时工作十分繁忙，加之我跟她联系时正值新冠肺炎疫情期间，尽管这样，她依然非常热情并且竭尽所能地为我提供了相关资料和图片。非常遗憾的是，一生为他人拍摄过无数照片的云芳照相馆创始人郑云芳先生，竟然没有留下一张个人的肖像或生活照，他墓碑上的照片还是从与家人的合影中取下来的。不过，从目前已有的这些素材，依然可以窥见云芳照相馆曾经的辉煌。

如今，云芳照相馆虽然已不复存在，但是，“云”消“芳”未散。在六十多年的生存期间，郑云芳先生和他的云芳照相馆，已将沧桑岁月的变迁痕迹和许多风云人物以及一些历史事件的珍贵影像，永远定格在历史的坐标上，并将不时唤起人们对往事的叩问与追忆。

苏曼殊的友人圈及其出家始末

——国家图书馆藏苏曼殊历史照片考辨之三

张　萌

南社人与苏曼殊

说起苏曼殊的交友圈，南社人应为首要。南社这个在20世纪初盛极一时的革命文学团体，被誉为同盟会的宣传部，有反帝反清的政治纲领，为辛亥革命做足了舆论准备。孙中山在南京临时政府中委任了很多南社人以要职，南社的革命属性和政治抱负由此可见。而我们也恰恰是因南社创始人柳亚子先生的缘故，得来了苏曼殊的这些旧照。柳无忌在《柳亚子与苏曼殊》一文中谈及父亲为先逝的南社友人编撰集子，其中对苏曼殊作品的收集及其身后的考证最为长久，前后达十四年（1926—1940）。

1908年9月，即苏曼殊在江浙时期，与刘师培、何震及柳亚子等人留下一张合影，这张照片也能在柳亚子全集中看到，照片上的人都还是青年模样。柳亚子先生再次出现在与苏曼殊有关的照片中，就是在苏曼殊死后他去悼念扫墓时与曼殊墓的合影了，这样的合影不止一张。苏曼殊的墓地是1924年由南社人徐忏慧出资修筑的，故而这些合影应该摄于1924年以后。在《柳亚子选集》中收录了1928年写的《西湖谒曼殊墓有作》四首，苏曼殊已离世十载，柳亚子也开始为他做集子，只是仍感“难慰零鸿断雁人”。照片上除了柳亚子外，还有几位年轻女子，有可能是柳亚子的弟子。有墓碑的照片或许是这次悼念时所拍。1944 年和 1945 年柳亚子又写过悼念曼殊的诗，此时曼殊已逝二十多年，竟还“入梦容颜故故亲”，可见苏曼殊在其心中的分量。这点也能从他给苏曼殊的信中看出，1910 年 6 月，即苏曼殊在噶班任教时期，他去信向其索文，信中称其为“吾师”，语气谦和。他欣赏苏曼殊的才气，“惊才绝艳美无伦”。关于苏曼殊在文学上的天赋，陈独秀也是赞许的。他说苏曼殊学作诗很晚，先是跟章太炎学，可是老师并没有好好教，又跟他学，他也未好好教，苏曼殊挑自己喜欢的诗书看又试着自己写，却越写越好，实为天才。

另一位与苏曼殊交往频繁的南社人就是刘季平，即刘三。他和苏曼殊相识于东京的成城学校，后来又加入了南社。馆藏虽然没有二人的合照，却因他们之间的书信获得了苏曼殊儿时的照片，以及曼殊遗墨的照片。在柳亚子交付北新书局校对的《曼殊全集》插图照片中，有一张《黄叶楼图》，为苏曼殊所绘。黄叶楼是刘三在沪郊华泾修筑的屋室，也是他的藏书楼，并且自号黄叶老人。他的夫人陆灵素曾记下苏曼殊绘黄叶楼的经过：

> 曼殊有回路过，一夕饭罢，画兴忽至，乃索胭脂至画碟中，曼殊且画且谈笑，顷刻成《黄叶楼图》。又蘸墨作横幅，笔端胭脂未净，枯柳残鸦，皆作紫褐色，诚奇笔也。

由于苏曼殊坦白直率的真性情，加上早年的留学经历，除与刘、柳二人在交往中留下了数量较多的相关图像外，与南社

图 1 苏曼殊与孙伯醇合影一。孙混，字伯醇，安徽寿县人。

中的其他成员也留有一些活动或聚会的合照，现将整理出来的馆藏目录列于下（对照片中南社人的考证参见柳无忌编《南社纪略》1983 版，其中有以姓氏笔画为索引的南社成员名单）：

图2 苏曼殊与马小进合影。马骏声，字小进，号退之，别号梦寄，广东台山人。曾为孙中山先生的秘书，后赴美国哥伦比亚大学留学，归国后在台湾做导演。摄于1910年。

1.《苏曼殊与孙伯醇合影一》（图1），拍摄地不详，拍摄年份不详，有于上海兆芳照相馆洗印版，其中一张背面有钢笔手书“曼殊 伯醇同摄 八月二十四日 戢志”；

2.《苏曼殊与孙伯醇合影二》，拍摄地不详，拍摄年份不详，有于东京江木照相馆洗印版；

3.《苏曼殊与孙氏昆仲合影》（见封二），拍摄地不详，拍摄年份不详，有于东京工藤写真馆洗印版；

4.《苏曼殊与马小进合影》（图2），拍摄地不详，摄于1910年，有于上海名为H. J. RICH的照相馆洗印版，其中一张裱卡右侧有毛笔手书“小进燕影 造象捧赠 亚子足下”；

5.《苏曼殊与朱少屏合影》，拍摄地不详，拍摄年份不详，有于上海名为H. Riches & La的照相馆洗印版，朱少屏，号屏子，上海人，中国同盟会会员，曾任国民政府驻马尼拉总领事馆领事；

6.《苏曼殊与周小山、朱少屏合影》，拍摄地不详，拍摄年份不详，洗印地点不详；

图3 苏曼殊与叶楚伧、柳亚子、朱少屏等人合影。后排从左至右依次为苏曼殊、叶楚伧（原名单叶、宗源，字卓书，号楚伧，别号小凤，江苏吴县人）、费公直（原名善机，字天健，号一瓢，江苏吴江人）、柳亚子、朱少屏，前排从左至右依次为梁龙（字云松，一字云从，广东梅县人）、田梓琴（字梓琴，号玄玄，湖北蕲春人）、景耀月（字秋陆，号太昭，别号帝召，山西芮县人）、吕志伊（字天民，云南思茅人）。摄于1912年。

图4 苏曼殊抱婴儿与沈燕谋、郑同荪（郑之蕃，字仲鹓，号桐荪，别号焦桐，江苏吴江人）等合影。从左至右依次为应溥泉、苏曼殊、郑同荪、沈燕谋、傅盛勋。

7.《苏曼殊与叶楚伧、柳亚子、朱少屏等人合影》（图3），摄于上海，1912年，洗印地点不详；

8.《苏曼殊抱婴儿与沈燕谋、郑同荪等合影》（图4），拍摄地点不详，拍摄时间不详，有于上海兆芳照相馆洗印版；

9.《苏曼殊与沈燕谋、郑同荪等合影一》，拍摄地不详，拍摄时间不详（与《合影二》为一天拍摄），洗印地点不详，后排从左至右依次为应溥泉、沈燕谋，前排从左至右依次为傅盛勋、苏曼殊、郑同荪；

10.《苏曼殊与沈燕谋、郑同荪等合影二》，拍摄地不详，拍摄时间不详（与《合影一》为一天拍摄），洗印地点不详，后排从左至右依次为傅盛勋、郑同荪、苏曼殊、施女士（乔义生之夫人）、乔义生；

11.《苏曼殊与邵元冲、宫崎寅藏等合影》，拍摄于西湖二我轩，1916 年，洗印地点不详。

僧人苏曼殊

僧人算是苏曼殊的一个身份，因为后来他也还俗了，可是还俗后常以“袈裟”“衣钵”“衲”等自称，又做俗世的事情，并不斋戒，行为上很随性。至于他出家受戒的经过或可称为一件轶事。1903 年底，苏曼殊经大同学校时期同窗冯自由介绍到了香港，暂住在陈少白主办的《中国日报》处，性格孤僻鲜语，居数月后，决意出家为僧，拜师受戒。于是在惠州一破庙落发为僧，可这庙实在是残破，主持老僧事必躬操，平日饮食均凭化缘，经常不能果腹，于是苏曼殊偷了师兄的戒牒，趁师父一日外出，随即取了其仅有的二角银洋出逃。钱全买了船票，饿了三天肚子才回到香港。来年筹到一笔钱，又出游暹罗（泰国）和锡兰（斯里兰卡），在这次出游中烧了戒疤并留下一张盘坐于树下的受戒相。

同年归国后，他在长沙实业学堂任教，还把这张照片给学生们看，说他是在越南某寺受戒的，他受戒是在臂膀上，不是在头上，这与中国的受戒是不同的，他的学生黄梦钧在《书曼殊大师》一文中提到过此事。图书馆的藏品中也有这张照片（图 5），尺寸不大，为 9 厘米 ×6 厘米的散片裱卡，裱卡背面有曼

图 5 苏曼殊受戒照。摄于 1904 年。

殊的毛笔手书“暹罗造幻影一幅，捧赠刘三足下　曼殊”。这样苏曼殊烧戒疤的地点就出现了两个，一个如黄梦钧所述是越南，一个是苏曼殊留下的毛笔手书暹罗。首先可以肯定的是曼殊的戒疤是在这次暹罗、锡兰的出游过程中烧的。其实受戒和烧戒疤并没有必然的联系，然而唐代以后，随着度牒的大量发行，出家人的身份比较复杂，有些人为了逃避徭役而加入僧人队伍，为了整肃僧团，主持传戒的大德议定了受戒燃顶的做法，作为终身之誓，沿用至今，便成为汉僧受戒的标记。由此可见，苏曼殊在臂上的戒疤并非在国内所烧。烧身、烧臂一是为了供养诸佛，二是为了消除业障。至于苏曼殊受戒的地方到底为何处，仅凭这三条证据并不足以判断，因为他自己所言所书未必

图6 苏曼殊僧装照。摄于1915年。

可信（苏曼殊堂弟苏维琭在柳亚子给曼殊做考证时曾去信言“曼殊信札及杂记中所云各弟名字，家中并无此人，想是他的同道人也”。馆藏中有其题为与“季弟”“桂弟”诸弟合影若干张，经考证，也并非是苏家的人），况且苏曼殊这次出游是独行，所以这张照片的拍摄地实为难辨。之后上海兆芳照相馆（自威海分设上海，1899年成立，1914年12月22日首次出现在广告中，位于英大马路泥城桥堍，馆主史流芳。1915年12月19日新屋落成，重新开业。1949年2月1日，最后一次出现在广告上）重新冲洗过这张照片，外装帧做了裱夹，目前馆藏共有四张同内容的受戒照，裱背有曼殊手书的一张，上海兆芳照相馆洗印的有三张。由此，也可以看出照片的真实性隐藏在文本之下，当面对一张全然陌生的人物照时，图像的意义则由记录照片的文本而生成。而悖论在于文本不能作为图像真实性的全然保证，当出现如上述情况时如果没有柳亚子先生后来的考证，后人很可能把与现实不相符的意义赋予图像。所以，摄影表面上是反映现实，但实际上摄影影像自成一个世界，企图取代真实世界（桑塔格语）。

除了受戒照，苏曼殊还留有一张后世常见的僧装照，这张照片也被柳亚子先生选为《曼殊全集》第一册的插图照。馆

图7 苏曼殊与长沙实业学堂学生合影。摄于1905年。

藏中有各种规格和装裱形式的同内容照片，其中有一张照片（图6）是1915年在东京洗印的，照相馆或馆主的名字为J. HASEGAWA，HASEGAWA是日本姓氏长谷川的罗马拼音，J应该是名的缩写。另有着袈裟而执扇与长沙实业学堂的学生合影一张（图7），苏曼殊坐于正中，照片背面钢笔手书“乙巳夏长沙实业学堂摄影（秦毓鎏藏）”。秦毓鎏是曼殊在早稻田大学高等预科（1902年冬）读书时的同窗，二人同为青年会成员，并留有于东京合照。乙巳年是1905年，为曼殊出游受戒后的第二年，这张照片前文所述学生黄梦钧也有一张，但“所藏已佚去”，馆藏两张，一张本为秦毓鎏所藏，应为柳亚子为苏曼殊做集子时从秦处得来，另一张是同底版在无锡的惠生照相馆扩印而成，裱卡装帧。目前馆藏的苏曼殊着僧服照片仅有此三种底版。还有些照片苏曼殊并未着僧服，但是在照片的注释

图8 苏曼殊与徐忍茹等人在南湖合影。摄于1916年。

中被他人以“僧”“大师”相称，可见他的僧人身份在友人中也是被认可的。比如苏曼殊与徐忍茹等人1916年在南湖的一张合影（图8），是翻拍照片，原照下方题有“丙辰月圆后七日，偕高僧曼殊、张参谋、岳军伉俪暨内子，同游南湖，酒阑，特摄此影，以留纪念。庶不负金风亭长棹歌诗云：自从湖有鸳鸯目，水鸟飞来定是双。书此以博同游一叹也。忍茹识”字样。上文中提到的柳亚子在苏曼殊墓前的合影注释名称亦为“曼殊大师西湖墓塔图”。

苏曼殊擅写诗作画，又因其僧人的身份，被后人称为“诗僧”“画僧”。他不难令人想起唐时的一位文人，即“诗中有画，画中有诗”的王摩诘。苏曼殊在给何震的《画谱自序》中也提到了王维，认为“山水画自唐始变”，李思训、王维画法分别代表北宗和南宗。但他个人比较欣赏王派的虚和萧散，有“惠能之禅意”。苏曼殊作画是无目的性的，多为应友人之邀而作，一生从未卖画。

2018年香港苏富比春拍《曼殊上人妙墨册子》以2881.35万港币成交，创造了苏曼殊画作拍卖价格的历史新高。苏曼殊的照片是随着柳亚子先生的手稿一起捐赠给国图的，在这批手稿中亦有这本《妙墨册子》。苏曼殊的真迹目前存世者不足百件，原作大多流散各地。经统计，1907年他在《民报》和《天义报》上发表了十三幅作品，1908年在《文学因缘》上发表了九幅。国家图书馆所收藏的名家手稿中有柳亚子和柳无忌一同誊写编撰的《曼殊余集》（十三册），其中第十三册为插图类，里面所收曼殊照片、相关图像及作品十分详备。

（图片由国家图书馆提供）

名人一瞬

廖静文与天津美院学生的合影

刘葆松 口述 英 子 整理

1953年9月23日，担任第二次文代会执行主席的徐悲鸿，突发脑溢血。9月26日晨，徐悲鸿逝世于北京医院。消息传来，震惊整个美术界。

徐悲鸿先生去世后，其妻廖静文先生就捐出了位于东城区东受禄街16号自家的宅院作为“徐悲鸿纪念馆”，以存放徐悲鸿先生的绘画真迹，并供各界民众参观。

1955年4月，天气乍暖还寒，河北师范学院美术系（后改名为天津美术学院）1953级和1954级两个班的部分学生，相约一起去北京参观徐悲鸿纪念馆。

这天一大早，同学们先是乘火车从天津出发，9点多钟到达北京站，后又坐公共汽车到达了北京东城区的东受禄街。这是一条很偏僻的、知名度并不高的胡同，据说原是晚清时供官方视察的一处“官厅”，民国时又改成了巡警阁子，后来逐渐形成了一条东西走向、中间是回形、东南角有个小广场的胡同。胡同里有几十个院落、上百户人家，据说这里还居住过设计景山后街上两栋军方大楼的总工程师宗甫先生，而徐悲鸿的故居是当时胡同里最大的院落。1948年徐悲鸿先生搬来时，也许正是看上了这条胡同里的清静和文化氛围吧。

1954年之后，这条胡同又成为新中国的第一座美术家个人纪念馆的所在地。因为徐悲鸿纪念馆成立不久，再加上地处偏僻和当时传媒手段的不发达，知晓徐悲鸿纪念馆的民众并不多，所以来此参观的人也很少。

在春寒料峭中，一座砖木结构的平房院落出现在同学们面前，大门楼子前挂有郭沫若亲笔题写的“徐悲鸿纪念馆”匾额，门扇半启，花木扶疏，一切都显得非常安静、清洁和雅致。

班长周之骐（图1第二排左一高个子男生）轻轻地推开了

图1 参观徐悲鸿纪念馆，与廖静文（第二排左四）合影。

院门，出现在大家眼前的是一座砖木结构的三进院落。据长年居住在东受禄街的居民韩忠魁回忆：“（东受禄街）最大的一个院落是16号徐悲鸿纪念馆。著名画家徐悲鸿一家1948年搬到这个院落，1953年他病逝后改为纪念馆，他的家人仍住在这里。……我记得，当时参观门票是一角钱。”

这座院落里有三个跨院，全都开辟为展室，几条甬道把花园展室连在一起。展室里没有摆放别的家具，只展出徐悲鸿先生的素描和油画，还有他生前在画室里使用过的部分生活用品。展出的素描大多都是在法国创作的，最有气势的展品就是那幅油画《田横五百士》，这幅油画长349厘米、宽197厘米，创作于1928至1930年。

接待这批学生参观的是副馆长陈晓南教授（图1第二排左二穿浅色风衣戴帽子者）。陈晓南（1908年2月—1993年10月），别名晓岚，曾用名桂荣，江苏溧阳人。陈晓南教授曾于1930年至1934年在南京中央大学艺术系师从徐悲鸿先生学画，1940年又进入徐悲鸿先生创建的中国美术学院为副研究员，擅长铜版画。当时，陈教授负责徐悲鸿纪念馆的日常管理工作，负责接待访客并做讲解。记得陈教授一幅一幅地讲解着徐悲鸿先生作品的由来、创作年代和主题、艺术特征等，两个多小时的参观活动在陈教授的带领下，在庄重而严肃的氛围里完成。

整个参观活动完毕后，陈晓南教授让大家稍等一下，看能否请廖静文先生出来，和天津美院的同学们合影留念。

说着，陈教授的身影消失在展馆的后院。

不一会儿，廖静文先生从后院里走了出来，在她的身后，还有两个探头探脑的孩子，三四岁的样子，在甬道上跑来跑去。

时年三十三岁的廖静文先生身材苗条，面目清秀，梳着最朴素的齐耳短发，身着黑色的厚毛衣，带着淡淡的微笑，落落大方地走到大家身边，接受大家的问候并向同学们致意。

于是，同学们簇拥着廖静文先生（第二排左四）站着，扎着长辫子的女生莫韵学和张玉新还特意挽起廖先生的手臂，在1955年4月的一个正午，这群佩戴着校徽的美术系学生，留下了一张珍贵的合影（图1）。

从照片上，可以看到徐悲鸿纪念馆前的山桃花刚刚绽放。按照当时的节令，已是清明过后，而从廖静文先生和同学们的衣着来看，当天的气温一定很低，这说明寒冷的气氛还在笼罩着北京城，这一年，北京城的冬季一定比较漫长。

仿佛在一转眼之间，几年时光就过去了，天津美术学院1953级绘画系的学生已经到了毕业的时候。

1957年的夏季，1953级美术系的同学又聚合在一起，在班长周之骐的带领下，在照相馆里照了一张毕业合影（图2）。拿这两张照片进行比对，会看到同学们在几年的艺术熏陶之后，精神风貌已发生了极大的变化。之前的那种青涩之气荡然无存，女生多数已剪发，并烫了时尚的大波浪，显得成熟了许多；黑发浓密的男生也梳起了整齐的分头，身着白衬衣的样子干净又整洁。特别请大家留意的是，全班同学胸前佩戴的不再是长条的校徽，而是一个正方形的毕业纪念章。一戴上这个纪念章，就说明大家即将分手离校，四年的同窗不久将会风流云散。

坐在前排左二、左三分别是班长周之骐和他未来的妻子张金英（名字不太准确）。这一对金童玉女已确定了恋爱关系，他们不久将结为夫妻，并一起分配到甘肃兰州工作。而当时的我（图1二排右二穿深色风衣者，图2三排左一穿西装者）也有了自己心仪的女生，只是还没有来得及表白。

坐在周之骐旁边的是云南人杨学儒，杨学儒个子很高，肤色黑，说着一口难懂的云南话，同学们给他起了个外号叫“大猩猩”。

还请大家注意的是，图2下面有两个小字“鼎章”。“鼎章照相馆”是清末民初由广东人黄国华创立于南京，最初叫“恒昌照相馆”，摄影师是宁波人王子铭。后来，天津盐商王奎章出资，由王子铭接手后更名“鼎昌”。“鼎昌”添置新式布景，专门为淑女名媛拍艺术人像，影响力渐渐提升为天津照相业的首位。1912年又由王润泉和李耀亭集资四百元接手后改名为“鼎章”，两位经理翻建了二层楼房，开设了三个摄影棚，引进了

图2 毕业合影

美制转镜照相机，社会影响力更大。到20世纪20年代，鼎章照相馆职工六七十人，年营业额高达八九万元，黎元洪、梅兰芳、周信芳等各界名流都来这里拍过照。鼎章照相馆的著名摄影师李耀庭，曾在孙中山先生于1924年12月4日下榻于天津张园之际，抢拍下了他一生中的最后一幅照片。孙中山先生于1925年3月12日去世后，这张照片加印数千张传遍了全中国，鼎章照相馆更加名声大噪。

20世纪的天津民众，能去鼎章照相馆拍一张照片，代表着时髦和面子。所以，历届的天津美术学院的毕业生们，自然都会选择鼎章照相馆拍照留念。而图1那张与廖静文先生的合影，也是在鼎章照相馆冲洗出来的，全班同学每人一张，惠存终生。

事实证明，鼎章照相馆的照相洗相技术的确一流，虽然历经六十余年，这两张老照片一点也没有泛黄、褪色、脱皮、折皱，至今看来还是那么清晰，还是让人浮想联翩。只是照片上的人物，大多已经凋零。唉，物是人非，睹物怀思，只能让人感叹时光的无情。

注：历史上，天津美术学院几经更名，1953年至1957年，其名称先后为河北师范学院、河北天津师范学院。为便于读者理解，统一用现名“天津美术学院”。

当代花木兰郭俊卿

王端阳

去年，央视记者曾采访我关于郭俊卿的故事，现在的年轻人甚至中年人恐怕都不知道郭俊卿，但在20世纪50年代，她可是大名鼎鼎，被称为“当代花木兰”。

1931年，郭俊卿出生在辽宁省凌源县一个贫苦农民家庭，1937年随父亲逃荒到内蒙古巴林左旗。1945年为了给被地主害死的父亲报仇，她隐瞒自己的真实性别，又将自己的年龄报大两岁，用假名郭富参军。在部队先后当过通信员、警卫员、班长、连队文书和副指导员，后任某机炮连党支部书记。在艰苦的战争岁月，她女扮男装五年之久，和男同志一样，冲锋陷阵，鏖战疆场，为中国人民解放事业出生入死，先后荣立特等功一次、大功三次、小功四次。

为了不暴露女儿身的秘密，她从不脱衣睡觉，也从不和大家一块上厕所、洗澡。1950年4月，郭俊卿患了严重的妇科病住进医院，这才被医生发现了女儿身，不得不向党组织如实汇报了自己的性别。

1950年9月，她作为中国人民解放军第四野战军的代表出席了全国战斗英雄代表大会，受到毛泽东、朱德等党和国家领

图1 1950年9月，英模大会时郭俊卿（右一）和四野战斗英雄们合影。王林摄。

导人的接见。中央军委授予她“全国女战斗英雄”“现代花木兰”称号，荣获模范奖章、勇敢奖章、毛泽东奖章各一枚。

正是在这次大会上，我父亲王林采访了郭俊卿并给她拍了三张照片。

图1是郭俊卿与四野战友们的合影。

图2是郭俊卿在大会的舞台上。此时郭俊卿穿的是裙服，很有意思。据央视的导演讲，这是他们看到的郭俊卿穿裙服的唯一照片。

图3是郭俊卿和岳慎的合影。岳慎是沙可夫的夫人，著名女演员，1949年她刚拍完影片《中华儿女》，即东北抗联八女投江的故事。

我父亲在日记中记述了这件事：

图 2 1950 年 9 月，郭俊卿身穿裙装在全国英模大会上。王林摄。

1950 年 9 月 28 日

二十八日上午八时……参加英雄大会。给郭俊卿和另一海军照了像（相）。……郭俊卿还是十九岁的女孩子。……郭：单眼皮，眼泡。她的特征应该是两眉中间偏右的小痣。

今天我一边听英雄报告，一边不自主地想传奇郭俊卿。我想这样传奇（指编写剧本——编者注）一下，思想上也提高得有战略意义，叫她每次立功都能与大局有关。比方第一次送信，使林总发觉敌人进攻承德的企图。第二次冲锋立功，是阻击沈阳敌援助锦州，迟滞了这一路敌人，使战局起重大变化，这也就是提高一步，有思想了。

一般人只会对她的女扮男装，如何不被人发觉感兴趣。我想这样传奇一下：她一次投军，正巧林彪带队往东北奔，林拒绝了她。她那次送信时，被林生疑，她也看出，却飞腿上马，顽皮地说："女孩子会有这么好骑术？"却又脚勾马鞍从地捡起一块石头，投向空中，惊起一老鸦，她来了个鹞子翻身，举枪打中，向林一挥手，说："女孩子会有这好枪法！"又一笑飞跑远了。林叫人追回来问她，她却蹿过敌人火网跑远了。

阻击沈阳敌时，林从望远镜中看见这个小班长了。等解决了锦州的大兵团赶来，换下她们这一部时，林要求见

图3 1950年9月，在北京全国英模大会上，郭俊卿（右）和岳慎合影。王林摄。

图 4 照片背书：荣军张树义，一九五〇年九月在全国英模大会，王林。

见这小班长。于是打破了这个谜。

（在剧本中）又想安一个班长（后升排长）不自觉地和她发生了爱情。他老想他的爱人表妹，老说郭像他表妹。在阻击战中冲山顶半途中牺牲了，还有一口气时，郭说了实话，而且称他是爱人：反动派逼着我们在死后才敢成为爱人。排长叫她完成任务。她说我带着我们的爱情，准能完成任务！举起红旗冲到山顶上去！这样，观众关于恋爱的趣味也会满足，又不致庸俗和落入俗套。

有意思的是，我父亲还想以郭俊卿的事迹写成一部传奇的小说，甚至在现场就开始构思起来。遗憾的是他并没有动笔。

九年之后，军旅作家陆柱国将这个题材写成电影剧本，并由八一厂拍成影片《战火中的青春》。影片中那位女扮男装的主人公高山，就是以郭俊卿为生活原型。

我父亲看了这部电影，在日记中写道：

1961 年 2 月 28 日

下午在礼堂看电影《战火中的青春》。很感动人，很振奋人心。无产阶级花木兰——副排长高山，是根据郭俊卿的故事创造的。1950 年秋全国第一次英模大会上，我见过郭俊卿，并且给她照过像（相）。这个演员比真郭俊卿稍胖些。女性味道更浓一些儿。要是那么浓的女性味道，郭俊卿在连队里“混”不了三四年的岁月。这个片子很成功。

2019 年为了纪念共和国成立七十周年，央视决定拍摄那些为共和国奋斗过的英雄时找到我，我将我父亲拍的那三张郭俊卿的照片提供给他们。

除了郭俊卿，我父亲还拍了一张残疾荣军的照片（图 4），主人公叫张树义，是被人背着来到会场的，遗憾的是没有关于他的文字。我立此存照，期望知道的人能够把他的故事讲出来。

蒙古族长调歌王哈扎布的早年生活

张阿泉

哈扎布的出生

哈扎布属狗，1922年5月11日（民国十一年农历四月十五日）出生于内蒙古锡林郭勒盟阿巴哈纳尔左旗希日塔拉草原（今锡林浩特市宝力根苏木），父亲额博木是旗衙门轮值文书（擅长演奏蒙古族乐器），母亲汉德玛也是优秀的民间歌手，父母生他时年龄均在二十一岁。再往上追溯，哈扎布的爷爷、额博木的父亲叫阿希然巴嘎布楚（“嘎布楚”是一种喇嘛学位），老家在喀尔喀蒙古的达里刚嘎（今蒙古国东方省），19世纪末南迁到锡林郭勒盟，当地人都称他为“哈拉哈嘎布楚”（即“外蒙古嘎布楚”）。阿希然巴嘎布楚共有九个儿子，额博木排行第

图1 哈扎布的父亲额博木，在哈扎布十五岁时病逝。

三。哈扎布是额博木的独生子，这从他给儿子取的名字上就可以看出来（“哈扎布”系藏语，意为“天之恩赐”）。

在哈扎布官方档案中有“1922 年 1 月 15 日生”一说，当系误记。细查哈扎布人事档案材料，发现多是由人代笔用汉文填写，履历潦草，很多信息都欠缺。因哈扎布只懂蒙古语，不懂汉语，加之记忆年久模糊，委托别人代笔填写的履历势必粗疏（这是不少蒙古族民间艺人当年直接被招录到“体制”内常会遇到的情况）。而 1991 年 12 月 31 日由呼和浩特市公安局回民区分局签发的“长期有效”身份证，出生日期写的又是“1922 年 2 月 15 日”（身份证编号 1501032202150××），这进一步说明草根艺术家的出身经历确实难以清晰考索。

痛失双亲，从幸福跌入困顿

幼年哈扎布在父母的身边成长，深受宠爱。在他七岁时，家中领养了邻居家的孤儿高姆扎布，这个比哈扎布小五岁的女孩从此成了哈扎布的妹妹，那是 1929 年。那年秋天，阿爸开始把哈扎布送到贝勒王府拜乃庆扎兰（又书“甲喇”，即“参领”，系清代官名）为师，私塾习文三年。乃庆扎兰是额博木的好友，学问精深，文思敏捷，是当地一位有名的文书。

1932 年，十岁的哈扎布进入阿巴哈纳尔左旗衙门学校读书，同时谙熟了马术，成为小骑手，开始参加当地的一些小型那达慕赛马活动，并表现出过人的歌唱天赋。

1935 年，十三岁的哈扎布带着妹妹高姆扎布一起参加旗里举办的敖包会赛马，他策马飞奔六十里，一路领先，唱着动听的歌声夺得了比赛第一名（而妹妹高姆扎布的赛马成绩则是倒数第一）。这件“唱着歌夺冠”的传奇佳话，在草原上流传了很多年。

到了1937年，十五岁的哈扎布英姿勃发，额博木于是细加培养，让爱子拜自己的好友、著名民间歌手斯日古楞梅林为师。也是这一年，少年哈扎布的命运发生了逆转，父亲因得肿瘤、母亲因得肺结核在一年内相继病逝，兄妹俩顿时陷入了困顿，家产被劫掠一空，还遭受了大爷喇嘛的虐待，被迫为庙里徒步放羊两年多，父母留下的一间破屋成了兄妹俩唯一的避难所。

第一次婚恋、从羊倌变文书及赛歌成名

1939年，哈扎布十七岁，由大爷喇嘛做主，娶了朝格台吉的女儿永林斯娃为妻（妹妹高姆扎布则嫁给了朝格台吉的儿子）。哈扎布与永林斯娃成亲后，一个给贝勒府放羊，一个给贝勒府当佣人。这年冬天，雪很大，有一天哈扎布依然徒步放一千多只羊，结果跑在前面越过山丘的两百多只羊被饥饿的狼群吞掉了，到处都是羊血和羊尸；第二天，吓坏了的哈扎布到贝勒府请求王爷处置，被两个衙役按倒在地，痛打了二十五大板，并被带到王爷面前下跪；但当王爷询问得知哈扎布没有马只能徒步放羊时，竟正色道，让一个孤儿徒步奔跑放一千多只羊，这也太没道理了吧？好啦，打他二十五大板就算啦！当时，哈扎布的老师斯日古楞梅林正在王府当差，王爷于是对斯日古楞梅林说，听说这孩子很聪明，就让他以后到衙门当文书吧！就这样，哈扎布因祸得福，从羊倌变成了文书，离开时还得到王爷赏赐的二十五两元宝。做了文书以后，机敏随和的哈扎布在起草文件、整理书籍和誊抄资料之外，还跟着斯日古楞梅林

学会了蒙古族民歌的各种唱法。

在蒙古族习俗中，每一次大型宴会可说既是艺人出名的舞台，又是艺人遭遇挑战的擂台。哈扎布在十八岁时迎来了命运的转机，那一年是1940年，风调雨顺，牛马羊肥壮，阿巴哈纳尔左旗的巴拉根苏荣王爷乘兴在秋天召集本旗和阿巴嘎旗的王爷贝勒、牧民百姓及寺庙喇嘛举办了一场热闹的那达慕盛会，共同庆祝好年景。在盛会开场，哈扎布受王爷委派高唱自古传下来的"慧词"，向大家说明本次盛会的内容和意义，然后就参加了激烈的两旗赛歌。代表阿巴哈纳尔左旗出场的歌手是斯日古楞梅林、哈扎布，代表阿巴嘎旗出场的歌手是特木丁、玛西巴图、陶布海，双方各展歌喉一比高下，一轮比一轮激烈。哈扎布虽是初次参加这样高级别的比赛，但嗓音嘹亮的他并不怯场，并且把自己经历的委屈、对早逝父母的怀念和热爱草原的牧人情怀都融化进了歌声里，唱得极其凄美动听，很多人现场听得落泪。最后，哈扎布与特木丁一起胜出，各获得了一匹王爷赏赐的骏马。同时，在斯日古楞梅林引荐下，哈扎布成功拜阿巴嘎旗有名的歌唱家特木丁为师，其长调歌唱艺术得到了进一步提升。

短暂的欢乐总是紧跟着漫长的感伤

1941年春天，哈扎布作为新秀歌手，与锡林郭勒盟其他三十多位顶级摔跤手、马头琴手、歌手、潮尔演唱家一起应邀到德穆楚克栋鲁普亲王（简称"德王"）府上参加一次盛大的聚会，他登台演唱完一曲蒙古长调后掌声四起，现场受到德王的赞赏。德王对哈扎布说："你今晚唱得实在太好了，比你的老师们唱得还好！待会儿你过去跟一个日本人摔跤，不过你一定要赢他，不许手下留情！”于是哈扎布大着胆子跟一个穿着马裤、光着上身的日本人在台上较量了几个回合，突然使出以前学的招数，猛地把那个日本人摔倒了！德王高兴地过来拍着哈扎布的肩膀说：“哈哈，好样的，不愧是一条蒙古汉子！”这次盛会结束后，哈扎布被封为“侍卫”和“王爷的歌手”，赏骏马一匹。这些荣誉的获得，使哈扎布的内心充满了“生为蒙古人，我是何等的幸运”的兴奋与豪情。

然而，短暂的欢乐总是紧跟着漫长的感伤。也是在1941年，哈扎布再遭丧亲之痛，年仅十九岁的妻子永林斯娃因劳累过度生病去世。此时的哈扎布虽已成为锡林郭勒草原有名的长调歌手，但仍是衙门里一个普通文书，地位卑微，抽空还得给王爷放六百多匹马。王爷独霸一方，往往掌握着草原底层人的命运，哪怕是唱歌极好、得到过赏赐的哈扎布，在王爷眼里也仍是“贫贱的下人”“会唱歌的戏子”，不会给予真正的关怀与尊重。心性要强的哈扎布，除了向斯日古楞梅林、特木丁两位恩师不断学习歌唱技艺与做人道理之外，还四处搜集民间歌曲，经常到远近大小宴会上或婚礼上向老艺人学习一些博克颂、赛马颂、祝赞词等祝颂人所必备的知识与技巧，磨练口才，积蓄能量，习惯了人情冷暖的他决心做一个能为周围的人带去欢乐和享受的“有用之才”。

无爱的第二次婚姻和没有结局的恋情

1942年，巴拉根苏荣王爷强行做主为二十岁的哈扎布娶了第二任妻子玛希（她比哈扎布大二十多岁），清高的哈扎布虽反对这门婚事，但拗不过王爷的强迫，只好勉强成亲，但他一直拒绝回家与自己不喜欢的女人过日子，为此多次遭到王爷打骂。哈扎布说：“我是有感情有感觉的人，又不是畜生，就算打死我也不回去；王爷那么关心她，自己去看她好了！”这一年夏天，德王派人邀请哈扎布为自己大女儿的婚礼当祝颂人，精心准备了几天几夜的哈扎布成功主持了这场在温都尔庙东侧山下举办的、聚集了三百多人的大排场婚礼，一下子成了锡林郭勒草原上的祝颂达人，获赏银和鞍马一匹，名气比以前更大了。

一年秋天，哈扎布骑马到草原深处寻找王爷家走散的灰儿马和公马，偶然遇到了拾粪的姑娘斯日吉玛，斯日吉玛的美丽开朗深深吸引了哈扎布，两个年轻人交谈之间禁不住互生情愫。于是斯日吉玛邀请哈扎布到附近她家的蒙古包去喝奶茶，家里的老额吉居然认识哈扎布的父亲额博木，还夸他长得很像去世的阿爸。哈扎布帮着宰了一只羊，当晚在蒙古包举办了一场小型宴会，哈扎布、斯日吉玛和老额吉一起吃羊肉、喝酒、唱歌、欢笑，哈扎布献唱的几首蒙古长调让老额吉掉泪、让斯日吉玛陶醉。当晚，哈扎布以客人身份留宿在蒙古包，度过了一个灯光温馨而又辗转难眠的秋夜（据说那盏油灯夜里一直亮着，老额吉看出了两个人互相喜欢，故意用灯光来调控青年男女的激情）。次日清晨哈扎布醒来，发现斯日吉玛早已出去放牧，他喝完奶茶，告别了老额吉，继续去找马，老额吉擦着眼泪目送他走远。他自然是中意斯日吉玛，但碍于自己正被不成功的婚事所绑架，心灰意懒，以后就没有再去看望这母女俩，一段刚萌生的恋情也便随风而去。

依靠唱歌感动匪帮从而侥幸活下来的惊险经历

1945年日本投降，哈扎布的家乡也随之改天换地。

1946年，新政权阿巴哈纳尔旗政府成立，哈扎布所做的头一件具有“革命”意义的事情就是到旗政府办理了与有名无实的妻子玛希的离婚手续。

旗政府成立之初正是用人之际，哈扎布作为当地一名有文化、有才华又在牧民中深有影响力的年轻人，被群众选举为基层苏木的代理苏木长。在旗政府任职的积极分子共有四个“扎布”，分别是哈扎布、吉格扎布、特木齐格扎布和仁钦扎布，都很精明强干。新政权初建，局势时有反复，当时锡林郭勒盟所辖布里亚特旗有一个上层贵族额仁钦道尔吉发动了武装叛变，他手下有一伙以特木丁苏荣为首的布里亚特匪帮，不断猖狂对抗新政权，经常劫掠阿巴哈纳尔旗境内的牧民财产，焚毁军需物资，残杀革命干部，在草原上为害最甚。这一情况被哈扎布和吉格扎布及时通报给了锡林郭勒盟新政府，新政府马上调集部队打散了布里亚特匪帮，活捉了匪首特木丁苏荣，把他当众正法，并把匪帮劫掠的财产全部还给了牧民。特木丁苏荣的弟弟朝义多格闻此信后怀恨在心，扬言一定要杀了哈扎布和吉格扎布“祭天”，为他哥哥报仇。

果不其然，1947年7月，朝义多格纠集了一大群布里亚特匪帮趁夜幕袭击了阿巴哈纳尔旗政府的三个蒙古包，逮捕了四个“扎布”，然后对他们一顿严刑拷打。第二天，又把他们用粗麻绳捆绑起来丢到车上，连同抓来的其他牧民和拢来的马匹一起逃窜。正值炎夏，一整天冒着烈日赶路，四个“扎布”饥

图2 1952年，三十岁的哈扎布与伊德欣郝日乐结婚，并调入锡林郭勒盟文艺队，成为拿国家工资的专业歌唱演员。

渴难耐，但只能干熬。夕阳西下时，匪徒们选在沙漠边缘宿营，扎起帐篷开始煮肉喝酒，而四个“扎布”则被扒光了上衣绑在野外等死。那是一个月光明亮之夜，被蚊虫叮咬得厉害的哈扎布感觉死期将至，心想反正都得死，莫不如豁出去唱着歌去死，于是他在月光下放开喉咙，流着泪一首接一首地唱布里亚特民歌和阿巴哈纳尔民歌，唱得荡气回肠，感动了不少匪帮里的布里亚特老人。当匪首朝义多格认为哈扎布是在用唱歌报信要马上杀死他时，厨师巴图耶布等不少布里亚特老人都过来替哈扎布求情，说杀了这么“天才的歌手”会遭上天惩罚的，匪首朝义多格总算动了恻隐之心，答应暂时不杀哈扎布，但必须对他严加看管。在被布里亚特匪帮挟持折磨了二十多天之后，四个“扎布”终于被前来追击的解放军骑兵营救出来（布里亚特匪帮中一直同情和暗中保护哈扎布的厨师巴图耶布老人被匪首朝

图3 20世纪50年代，哈扎布与妻妹玛格斯尔（右）、妻子伊德欣郝日乐（左）及岳母德吉德合影。

义多格开冷枪给打死，朝义多格随后也被解放军骑兵击毙）。经历了这么一次生死存亡的大考验，四个“扎布”都变得成熟起来，哈扎布的歌声也更加苍凉悠远。

第三次幸福婚姻及人生境遇的转机

1947 年 8 月以后，哈扎布到锡林郭勒盟举办的公安培训班学习，随后因生病回家吃药治病休养。

1949 年 8 月，哈扎布恢复了健康，参加了锡林郭勒盟举办的防疫训练班，学习结束后到阿巴哈纳尔旗防疫站工作了一段时间。

1950 年 3 月，公办锡林郭勒小学成立，哈扎布因为有文化、会唱歌，被选拔到这里当上了拿国家补贴的小学教员，专门带学校里的一个文艺班，其演唱才华得以逐渐发挥。这年秋天，格根庙照例举办庙会，在庙会上哈扎布邂逅了自己的真爱伊德欣郝日乐。伊德欣郝日乐比哈扎布小两岁，出身于贫苦牧家，虽有过短暂不幸婚史，但温柔贤惠，很懂感情。敖包山下，哈扎布赠伊德欣郝日乐一面小镜子，伊德欣郝日乐赠哈扎布一杆镶白玉烟袋，两人私定了终身。伊德欣郝日乐心细而手巧，她发现无人照料的单身青年哈扎布穿的衣服很破旧，就很快给他缝制了一件新蒙古袍，哈扎布穿上特别合适，心里就更加爱恋伊德欣郝日乐。

1952 年 8 月，在老上级、锡林郭勒盟文化处处长沙金格日勒推荐下，在锡林郭勒盟文艺队负责人伊德辛关照下，哈扎布从锡林郭勒小学调入锡林郭勒盟文艺队，正式成了一名拿国家工资的专业歌唱演员。当时的锡林郭勒盟文艺队只有三十多人，主要任务是下乡到各旗为牧民演出，节目包括演戏、歌舞、演奏、“好来宝”等，演员们都需要“一专多能”，类似于后来的乌兰牧骑。在白天的演出结束后，牧民们经常会赶着勒勒车把哈扎布抢走，晚上听他继续在蒙古包里唱歌。这一年可谓哈扎布的幸运年，三十岁的他与自由恋爱的意中人伊德欣郝日乐结婚，且做了上门女婿，成为一个幸福的“呼日更”（蒙古语，意为“送上门来的男人”）。结婚后，妻子伊德欣郝日乐和岳母德吉德对哈扎布格外疼爱，这使从小孤苦无依、受尽磨难的他重新感受到了亲人的温暖。从此，哈扎布格外忠诚于这份爱情，与伊德欣郝日乐相依为命、不离不弃（妻子不能生育，就领养了一个女儿乌云格日勒，并待她像亲生女儿一样；妻子因患风湿病瘫痪近五年后病逝，当时六十一岁的他也坚决不再续娶）。

图 4 经过艰苦生活的磨练和长期的艺术实践，哈扎布创造性地发展了蒙古族长调的演唱方法，第一个将蒙古族长调搬上了舞台并传遍世界。

图5 20世纪60年代，哈扎布（前中）与宝音德力格尔（前右二）开始饮誉中外歌坛，成为最具实力的蒙古族长调歌唱家。

1953年1月，幽默、开朗、有朝气更有骨气的哈扎布作为一代杰出的蒙古族长调歌手，与伊德辛、确精扎布、青巴图等七八个优秀同事一起，告别了养育自己的锡林郭勒草原，从锡林郭勒盟文艺队调至内蒙古歌舞团，像“轻快的走马”全身心融入新时代、跨上新平台，而灿烂的荣耀与暗灰的屈辱也正在命运的前路等着他。

（2007年9月10日至27日，根据哈扎布口述记录、哈扎布女儿乌云格日勒口述记录及哈扎布人事档案材料复印件，仔细甄别爬梳写就。2020年3月下旬补充并重校。）

私人相簿

光影里的妈妈

蒋　遂

有一首歌《烛光里的妈妈》缠绵动人，妈妈是每一个人须臾不会忘怀的人。妈妈离开我已经十四年了，但她的容貌常常在我眼帘晃动。所幸妈妈留下的照片，还时时可以令我怀念。尤其她年轻时，是一位扬州美女，美人肩、丹凤眼，那气质和典雅不同寻常。

妈妈盛静霞（1917—2006），字弢青，一字伴鸾，号频伽室。扬州中学、国立中央大学毕业。先后任教于国立中央大学师范学院附属中学、国立中央大学文学院、私立之江大学、杭州弘道女中、浙江师范学院、杭州大学。

妈妈的籍贯是江苏省镇江，但是她告诉忘年交何宗桓："原籍镇江，后见江南看不起江北，就索性只说自己是扬州人了。"

外公在扬州置办了住处，是一座清代的四合院，在扬州湾子街上。现在这座房子被扬州市政府命名为历史建筑。扬州湾子街很奇特，扬州市的老城区街道呈南北走向，只有湾子街是斜着穿过老城区的。湾子街现在也被扬州市政府命名为历史文化街区。

我的外公是盛炳华，外婆是陈春生。外公早年去日本学做生意，回国后在上海开办炳华纺织机件配件公司，是中国现代

少女时代的妈妈。摄于 1936 年。

纺织业的开拓者之一。妈妈在扬州中学学习时，品学兼优，尤其写作才华横溢，被誉为“小冰心”。还在上海的《女子月刊》发表过小说《情波》和《忆友》（1933 年 3 月和 6 月）。

1936 年，妈妈考入著名的国立中央大学文学院中文系，得到了一干名师的欣赏和提携，有汪辟疆先生、汪旭初先生、唐

外婆、我妈妈（中）和我姨妈在扬州园林。

圭璋先生、卢前先生、吴梅先生、钱子厚先生、章涛先生、赵少咸先生，等等。妈妈参加了汪辟疆建立的“雍社”、吴梅先生建立的“潜社”。她在古典诗词方面的天赋和才华突飞猛进，汪旭初先生在课堂上公开说：“中央大学出了两个女才子，前有沈祖棻，后有盛静霞。”现代青年学者楼培对她的评价是：“盛先生就是一个诗人。”有一次青年学者何宗桓去拜访妈妈，随口念了一句他人的诗词。妈妈一听，皱着眉头说：“平仄不

20世纪30年代，妈妈在南京国立中央大学女生宿舍韦斋。

调呀。”何宗桓很疑惑，回去查了原稿。原来是他记错了。这已经是她晚年的事了，但是说明她对古典诗词的敏感是与生俱来的。妈妈对古时候的诗人词人的作品随手拈来，李杜、苏黄、纳兰、徐凝等。有一篇文章是《莫砺锋谈妻子：有幸与你相守绵长岁月》，莫砺锋说：“我只是一个专业的读诗人，不是诗人。我没有写诗的才能，偶然动笔也从不示人。”莫砺锋是中国第一位文学博士，又是程千帆的大弟子，但是他也知道写诗赋曲不是人人可以做得到的，更何况做好了，做绝了。唐圭璋先生执教六十五周年，妈妈作《定风波》贺之，吴调公先生说妈妈的作品是“压卷之作”。

定风波·为圭璋师执教六十五周年颂

甲子绵延六五周，芬芳桃李遍神州。犹记曲中频顾盼，重按，殷勤翻使学生愁。　词是《花间》人是佛，超忽，果然“蕴藉不风流”。杖履追陪师亦友，翘首，一尊遥献碧湖头。

可是，很不幸1937年由于全面爆发的抗日战争，使中央大学仓促迁往陪都重庆。在迁移途中，在重庆的艰难岁月里，妈妈目睹了中华民族遭受的艰难困苦、自身的悲哀、抗战军民的浴血奋斗。她充满激情地写下了四十首新乐府《抗战组诗》，有反映百姓疾苦的《袒背翁》《巴中曲》《壮丁行》，有反映重庆大轰炸的《哀渝州》《警钟行》，有反映抗战军人的《张总司令歌》《天都烈士歌》，等等。现代青年学者陈文辉评价说：“直逼杜工部。”1940年妈妈大学毕业。她一向讨厌写论文，就对系主任汪辟疆先生要求用四十首新乐府《抗战组诗》代替论文。汪先生说：“别人不可以，你可以。”就此顺利毕业。

哀渝州

五月四日岁己卯，夕照昏昏飞铁鸟。空岩蛰伏愤难伸，弹落如珠闻了了。冲霄烈火山头起，遥指渝州三十里。焰舌赪星正吐吞，江水无声天地死。黉宫少年皆尽裂，攘臂连踵来城阙。途中渐听哭声高，道上惟看残与缺。火云烟

妈妈（右）和吴子我校长

阵哪见城，雷轰电掣惊风逆。崩倒之下人鬼奔，焦烂之内号啼急。无头之人茫茫行，披发之魅当道立。横拉枯朽落焦梁，忽迸血浆飞断臂。瓦砾如山下有人，头腰已出股胫塞。翻砖拨瓦群力尽，挣扎牵拉终不得。泣请诸君断余骨，宁愿残生半身失！闻此呜咽皆泪流，一拽再拽肝肠出。彻宵灰烬化孤城，阴风惨惨天不明。十日掩埋哪得尽，百里哀鸿相扶行。烬中往往残骸出，峡底时时冤鬼鸣。中有百人藏一穴，穴口弹落相蒸烹。开山忽见互抱拥，逼视始知皆焦腥。城中从此华繁歇，早闭晏开行踪绝。僵尸夜起忽扑人，月光如水面如铁。呜呼！百年兴废事可推，昨日天府今劫灰！

毕业后，妈妈被国立中央大学师范学院附属中学校长吴子我网罗到学校教书。师范学院附属中学在重庆的白沙镇，学校在一位要人的私宅“衡庐”，有两棵巨大的红豆树，所以也称作“红豆树中学”。学生吴崇兰回忆：“盛老师是当年国立中央大学名教授卢冀野的得意门生，也是吴子我校长的学妹，她长于诗词，一笔小楷，清丽秀逸，有才女之称。她到红豆树来教书的时候，是老师中最年轻的。她文静雅致，十足的古典美人。单身男老师对她有遐想的，不乏其人。”

妈妈对自己的心上人自然有一份考量。她向往李清照、赵明诚“归来堂”斗诗的乐趣，而讨厌达官贵人。她的老师钱子厚先生说：“哪怕天涯海角，我也要为你找到一位。”果然钱先生看上了当时在蓝田国立师范学院教书的我后来的爸爸蒋礼鸿。钱先生将他介绍给妈妈时，他已在国立中央大学师范学院国文系找到一个教书的职位。爸爸蒋礼鸿是一位语言文字学者，诗词也写得清新脱俗，他的老师夏承焘先生说：“考据词章不妨兼治，锲而不舍，可到陈兰甫，凌氏《梅边吹笛谱》不足拟也。”妈妈被爸爸的诗词深深吸引了。

鹊踏枝

蒋礼鸿

解道江南肠断句，消受年时，梅子黄时雨。去去栖香深院宇，梦魂犹怯花铃语。　蕉叶抽情丝是绪，帘里浓愁，

1945年，父母结婚照。

帘外天涯絮。密约鸾笺容易许，能言鹦鹉休频妒。

前　调

盛静霞

谢尽荼蘼香入句，十二重帘，遮却闲风雨。篆袅微烟沉院宇，凝情似解流莺语。　难绾难分千万绪，风聚飘萍，可是沾泥絮？漫问新愁深几许，低徊不信天能妒。

从此两人鸿雁传书。经历了几番曲折后，1943年他们在重庆订婚，1945年结婚。主婚人是著名学者柳怡徵。陆蓓蓉在《萧条异代使人愁》中描述订婚的情形："这对夫妇订婚了。这订婚可不比寻常，一时师友贺诗如云。著名者如钟泰、唐圭璋、唐长孺等，都是学界高人。看看他们的贺诗都有些什么样的句子：'……情会使人奔走，未待红丝两足缠''有琴心暗逗、

1947 年，妈妈和姐姐在秦望山。

连环倩解，凭栏看，流云缓’。”可以感到，在战争岁月里，这一对患难夫妻使许多人深深地牵挂。特别有意味的要算“青鸟不传云外信，白沙今日是蓬莱”一句，用了李中主的成句，巧妙地镶嵌着“骈青”和“云从”的名字。也许，那段时间里对于彼此，家国沦丧、亲戚离散之痛苦稍稍地得到了慰藉，因为从此，乱世之中多了一个可以亲密依靠的人。

抗战胜利后，爸爸妈妈随国立中央大学回到南京。1947 年，因中央大学人事纠纷，爸爸被中央大学解聘。爸爸偕妈妈回到母校杭州之江大学。他们在六和塔西麓的秦望山头龙头安家落户，筑起了爱的小巢。同年我姐姐出生在“头龙头 10 号”，五年后我也出生在“头龙头 10 号”。之江大学一带的山山水水留下了他们的身影。

九溪溪中碎石无数

满溪石不碍潺湲，清到无痕碧可怜。

我和妈妈在道古桥宿舍。

疑是诸天仙女过，一齐遗下翠云钿。

渔　舟

小舟无数趁潮忙，踏浪凌波势欲翔。

行到中流歌忽缓，千条银网一齐张！

我出生前，妈妈因为一直忙于工作，从之江大学教师宿舍去工作时，要穿过高高低低的山路，穿过木质的情人桥，曾经在山路上摔了三次跤。我出生的时候，脐带绕了脖子三圈。所幸接生的是一个日本战俘医生，他医术高强，把我倒吊起来拍屁股，大约半个钟头，我终于哭出声来。所以妈妈一直对我抱有一种歉意，对我特别温柔体贴。我从她身上得到深深的母爱。

1952年院系调整，之江大学的文理学院并入浙江师范学院，以后浙江师范学院又并入杭州大学。家搬到当时的西溪湿地道古桥宿舍。

妈妈对我道德品质上的要求非常高。“三年困难时期”，因为吃不饱，我偷偷拿了一张学校食堂的馒头票，但我穿着姐姐的鞋子（那个时候，我的衣服、鞋帽常常是姐姐穿戴不下的），鞋子太大，馒头票从鞋子里掉了出来，被妈妈发现后，她很生气，拿着补袜子的“鞋底板”打我手心，鲜血从手上的纹路渗透出来。她一边打，一边含泪问我：“还偷不偷东西了？”从此我知道做人一定要诚实，这是妈妈唯一一次打我，却使我懂得了做人的道理。

妈妈又是一个爱生如子的好老师。浙江师范学院学生刘先平说：

> 一天下午，我正从教室往宿舍走，只听有人喊：“刘先平同学！”回头一看，是盛静霞老师，从另外一条路岔过来的，走得很急。我喊了声：“盛老师！”
>
> 盛老师教我们古典文学，在词学上很有造诣。……等我转过身子，盛老师说：“你为什么走路都低着头？喊了两三声才听见？心事太重了。我知道你受了批判，其实没什么了不起，你又没做过见不得人的事，有什么难堪的呢？你知道，交心时，我把和你蒋老师枕边的话都说了，后来就批我这些。难堪的是我吗？我从旧社会、旧家庭中走出，寻求独立自主、民主自由，也是受过很多煎熬的。想当作家，有志气。志气是个宝。你这样忧心忡忡，对谁有好处呢？

也有人曾嘲笑我填词写诗是自命不凡，想当李清照。要是因为这个我就不写诗填词，不是反而证明我真的是自命不凡吗？我看过你写的作业，有灵气，有可能成为一个大作家。人不能因为别人说三道四就不走自己的路。我看你有点沉沦，心里很难受。抬起头来走路！奋斗是医疗痛苦的良药，挫折能使人学得聪明。你去读读文学史，有哪位作家是一帆风顺的？李白、杜甫、司马迁……我和蒋老师欢迎你有时间到我家来聊天，来啊，一定来！”

浙江师范学院学生邵作彦说：

1958 年，学生送给妈妈的毕业照。

20 世纪 50 年代，全家在道古桥居所前留影。

盛老师担任我们的课不多，就是我们班两个组的作文批阅工作。我们的作文课是整个年级三个班一起上的。年级主讲老师是马骅老师。马老师上课水平高超，极富有吸引力，大家都很喜欢。他上过之后，三个班分别由三位老师负责批阅和点评。负责我们二班这项工作的是林士明老师，因为林老师还负责我们班的现代汉语的教学工作，所以我们班四个组的其中两个组的作文批阅就由盛老师担任。

记得第一次她给我们批改作文时，对我搞"四清"回校后写的第一篇作文《工作队进村以后……》很赏识，给我打了个"5-"的分数，那大概是全班最高的分数了吧？记得当时拿到班里读给大家听。回想这篇文章之所以能够取得较大的成功，主要是当时下乡搞"四清"的时候，我是每天记日记的，把当天的所作所为、所见所闻、所思所想都记在日记本上，当老师把作文题目布置下来后，我只要去把相关内容组织一下就行了，并没有花费多大的力气。不想就这样一篇轻而易举完成的作文被盛老师看中了，给了高分，当众表扬，真的让我有点受宠若惊的感觉。

妈妈在特殊年代的留影

后来，作文本上又写了几篇文章，盛老师都给了“5-”的最高分，或许，盛老师以为我是一个很有才气的学生，其实，我并没有多大能耐，我不过是比较喜欢中文这个专业而已，我甚至觉得五年的学制太短了，还应该在学校里多学几年。但盛老师给我的鼓励，使我在人生的道路上觉得信心满满。

本来爸爸妈妈可以在学术、诗词中度过自己的一生。可是特殊年代使他们度过了一段艰难的时期。爸爸被打成“现行反革命”关进“牛棚”。1969 年 3 月，我们姐弟俩被迫远走黑龙江插队落户。而妈妈因子虚乌有的之江大学“黄金案”被关进杭大体育馆，也受到了非常的折磨。

爸爸妈妈一辈子在道古桥宿舍工作生活。爸爸在那里完成了他的代表作《敦煌变文字义通释》，这部书成为敦煌研究学者的案头必备之书。爸爸在 1994 年被国家人事部任命为“缓退（无期限）高级专家”。妈妈在那里和夏承焘先生合著的《唐宋词选》是新中国第一部唐宋词的普及性读物。

爸爸妈妈相爱、相伴、相携、相助走过了一辈子，被世人赞誉为“神仙眷侣”。20世纪80年代，妈妈提议爸爸妈妈两个人为医学事业捐献遗体，爸爸欣然同意。1995年爸爸去世，这忠贞不渝的爱情才落下帷幕。

2006年妈妈去世后也将她的遗体捐献给医学事业。而我的妻子郭敏琍2019年去世后，也将她的遗体捐献给医学事业。算起来我们一家两代三位亲人都为医学事业捐献了遗体。

妈妈一辈子淡泊名利，豁达自信，是留给我最大的精神财富。她说：“年轻时，我是以‘林妹妹’著名，想不到我长寿如此，堪以自慰，一笑！”青年学者何宗桓在纪念她的文章中说：“‘万事无如杯在手，百年几见月当头’这一联，盛先生一定非常熟悉，才会顺口一改就戏赠云从先生。在《桃花扇》里，此联乃是大书家王觉斯（铎）‘奉敕’所书，悬挂于南明‘薰风殿’的，

姐姐（前排中）在黑龙江农村时拍的集体照。

妈妈和她的孙子、儿媳妇郭敏琍合影。

极写小朝廷文恬武嬉、及时行乐，藉以抒发浓重的兴亡之感。抛开此意，我倒是很喜欢这后一句，觉得像是人生的缩影，尤其是盛先生这样真正的诗人。近百年来，风雷激荡，个人在时代的泥石流中，是异常渺小的。‘天下三分明月，二分独照扬州’，纵然生长扬州，百年之中，又何尝见得几多月色呢？写到这里，我仿佛看见她在冲我微笑：‘格末又有什么关系呢？’”

三张照片背后的故事

孙世勇 口述　孙　雪 整理

父亲生于1905年，上有一个哥哥，下有两个妹妹。父亲在农村老家只读过四年私塾，十五岁的时候在老爷爷的引领下，去烟台億中公司学徒。億中公司掌柜的是我老家本村人，叫孙伯娥。公司主要经营土产品、花边儿、发网（外国女子套在头发上的网套）等。年轻时的父亲聪明好学，虽然读书不多，但毛笔字写得规矩、工整，算盘也打得非常好。父亲又自学英语，在德国经商时，还学习了德语，能用英语、德语与外国商人交流，所以掌柜的对父亲很器重。

图1拍摄于1930年，时年父亲要去德国做生意，临行前与我母亲和大哥及大姐（母亲怀抱者）合影，地点是烟台照相馆。

烟台的億中公司在烟台的大马路、养正小学附近，我的几个哥哥姐姐曾在该小学就读过。父亲在億中公司曾两次去德国，一次是乘火车（陆路），一次是乘船（海路）。当时与德国人合资的公司名曰德中公司，主要经营还是花边儿、发网的进出口业务。公司给了父亲一笔资金，父亲任经理，配了一名副经理和几个伙计。公司约定买卖做成了，除交公司一定份额，剩余归他们几个人分配；若买卖做赔了，公司不追究他们任何责

图 1 父亲与母亲及大哥大姐合影。摄于 1930 年。

任。最后父亲在国外买卖没有什么起色，也没挣什么大钱。

父亲回国后，公司又派父亲去澳大利亚做买卖。父亲是个孝子，当时农村老家有两位老人，还有妻儿一大家子，便没有去澳大利亚。因为没有服从公司的安排，父亲即被解雇回乡务农。掌柜的深知父亲的为人和能力，时隔不久重新将父亲召回億中公司工作。

后来我问过父亲，当时两次出国闯荡，为什么买卖失败了呢？父亲说原因很多，最主要的是中国人的地位太低，外国人看不起咱们。另外，父亲一生不沾烟酒，场面的活动又不懂。加之那个副经理吃喝玩乐不务正业，和父亲不是一路人，所以成事就难了。父亲在海外也曾有一些照片和证件留下来，儿时我看到过，有埃及金字塔旁的留影、尼罗河上泛舟以及赴叙利亚和葡萄牙等地的签证、与德国商人的合影……可惜“文革”期间全都销毁了。

图 2 是父亲在国外时非常想念家人，也想看看出生后未曾谋面的二儿子，来信要一张全家人的照片。这张合影是我老爷爷从栖霞桃村请来照相馆的师傅给拍的，时间是 1931 年秋。当时的农村非常落后，照相是一件很稀罕的事情。我爷爷除了种地，还在村里开了一间弹棉花坊，取名叫“陆合”。拍照那天，村里人奔走相告：陆合家要照相了！陆合家要照相了！当时有村民还说，照一次相要吸人身上一次血，照多了对身体有损害。

照片中前排右起依次是爷爷、叔伯大哥、老爷爷、大哥、

图 2 家人合影。摄于 1931 年秋。

图 3 父母和孩子们一起参加我叔伯大哥的婚礼。摄于 1948 年。

奶奶（怀抱我大姐），后排右起依次是大伯、大妈（怀抱叔伯二哥）、母亲（怀抱我二哥）、大姑姑、二姑姑。据我大哥讲，照相时村里围观的人很多，太阳光很强，摄影师傅让家人找了一个大锅盖，让围观者高举着锅盖遮挡光线。照相之事，在当时成了老家村里茶余饭后的谈资，被津津乐道。

图 3 拍摄于 1948 年，地点是青岛市济阳路长老会堂门前。億中公司因国共内战，1947 年从烟台迁至青岛，公司设在天津路、河南路两路口的西北角二楼。因掌柜的信奉基督教，所以员工大多信奉耶稣。

1948 年，我叔伯大哥结婚，他当时已是億中公司的员工，婚礼在教堂举行，父亲偕母亲及孩子们参加了婚礼。青岛解放是 1949 年 6 月 2 日，解放后掌柜的都跑去香港，剩下的伙计为了生存，大家推举父亲主持億中公司的买卖。其中，我的叔伯大哥任同泰橡胶厂经理（同泰橡胶厂是億中的下属工厂）。三年零六个月后，也就是 1952 年，老掌柜的儿子孙国策从香港回青岛，生意又交还他经营。

1956 年公私合营，父亲与孙国策一起在青岛土产进出口公司工作。1962 年孙国策说去香港探亲，一去未归，后又去了美国，成为一名传教士。

岳　父

李　硕

“黄县嘴子，掖县腿子”是早年流传在岛城的一句老话，说的是胶东地区的人善经商。其中，黄县（今龙口）人多是坐商（开店铺），掖县（今莱州）人多是行商（长途贩运）。

我的老岳父徐福五就是个正宗的“黄县嘴子”。十几岁他就从老家黄山馆跑到青岛来做学徒，干些诸如给老板点烟倒水，帮老板娘抱孩子的活计，暗中瞅着经商的门道，还要勒紧裤腰带攒几个小钱，心中谋划着远大的未来。就这样苦熬了好多年，终于有一天自己开店当了老板，这才把远在黄县的老婆孩子接到青岛落户。20世纪40年代，小日本一投降，他趁机扩大买卖，开了工厂。

手里有了钱，社会上有了名声，他就寻思着买处好宅子，让一家人安居乐业。1949年，国民党兵败如山倒，青岛的大户人家纷纷往台湾、香港跑，房价一落千丈，此时岳父一家堂而皇之地搬进了依山面海的别墅小楼。“买这座楼，我只花了三十包布。”三十年后，岳父对我如是说。岳父开的是印染厂，他的价值尺度经常是以布匹的数量来测算。直到现在，岳父早已过世多年，我仍没弄明白一“包”布的数量以及在物价飞涨

图 1 岳父 20 世纪 60 年代的证件照。其时岳父担任国营青岛肥皂厂副厂长，后成为离休干部。

的当时它的货币价值。

我准备称他为“岳父大人”是在 20 世纪 70 年代初，那时我和他家的三闺女正在青海建设兵团“屯垦戍边”，他们一家则被街道造反派撵到了马路对面一间破败不堪的汽车屋子里，而街道主任——一个老太婆的一家则搬进别墅楼过上了幸福生活。那间汽车屋子原来是像岳父这样殷实人家的车库，里面墙皮剥落，光线惨淡，阴冷潮湿。老太太默默无语，几个未来的小姨子终日趴在缝纫机上吱吱嘎嘎地轧着毛儿八分的加工活，聊以度日。可就是这样的处境他们还不愿意接纳我，因为我们家的“政治条件”并不比他们好多少，让他们家的女儿嫁给我，无疑是让眼前的艰辛延续下去，我将会扼杀在社会剧烈变革碾轧下的母亲改变女儿命运的希望。

可“岳父大人”不嫌弃我，他欣赏我是个“读书人”，“有见识”。他的心事都愿意对我倾诉。一个夏日的夜晚，他站在汽车屋子的门口指着对面的洋楼对我说：“这原来是咱家的房子！”听了此话，我一喜一惊：喜的是他女儿还没答应嫁给我，他倒提前把我认作是自家人了；惊的是他还没忘记那座楼，这不是暗中记着“变天账”嘛！说这话的时候，他的眼睛里闪着幽光，神情复杂，让我想起“阶级敌人”这个流行一时的政治术语。

就在我真正成为他们家女婿数年后的80年代初，那座别墅楼重新回到了它原来主人的手中。记得我第一次走进那所带花格围墙的院子正是初夏季节，一场浩劫过去，百花次第绽放，玉兰娇媚，丁香销魂，法桐宽阔的枝叶把偌大的院子遮成了一片清凉世界。厚重的红漆楼门推开竟悄然无声，窗户上镶嵌的是五彩斑驳的花玻璃，阳光正爽朗地洒满南面的客厅，我的岳父岳母大人端坐在沙发里，脸上的皱纹让阳光一条条熨平了。

从那以后，老岳父视邓小平为救星，每逢过节全家团聚的时候，他都要说一番感谢邓小平的肺腑之言，叮嘱儿孙世世代代不要忘记，要永远跟着共产党，把振兴国家的宏伟大业进行到底。

其实那个时候，老人心里还是有苦恼，50年代公私合营的时候，他高高兴兴地响应党的号召，把自己的工厂交给了国家，只当了个挂名的副厂长，可没过几年他就给打倒了，在厂子里干些扫院子、刷厕所的粗活。幸好待遇没变，工人们和他开玩笑说，老爷子，别不知足，你这一扫帚顶我们好几天的工钱！等“文革”狂飚骤起，对岳父这样的“反动资本家”就再没有那么客气了，抄家、遣返，他连作为一个城市人的资格都被剥夺了，还谈什么工作？工厂与他之间的距离越来越远，使他每每想起惆怅万分。那厂子可是他几十年血汗钱垒起来的呀！难道今生今世就这样彼此毫无关系了吗？

迁回老宅子之后，家里经常会出现两位客人，虽然他们称岳父为“姑父”，但我从岳父的脸上看到的却是恭敬。他们与岳父言谈甚欢，还经常留下来小酌一番，每逢此时，由于在岳父眼里的特殊位置，忝陪末座的经常是我，就这样，我慢慢了

图2 青岛龙山路33号的老别墅。这幢楼即为我岳父“解放前夕用三十包布买下的房产”。它与青岛德国总督府一墙之隔，环境极其优美。在城市改造中已被强拆。

解了这两位客人的底细。两位客人确实不同寻常，他们与岳父的关系要追溯到解放前。

据岳父回忆，1946年，他的厂里来了两个小伙子，是老家黄县的远亲，到青岛投奔“姑父”寻份差事。可安顿下来不久，岳父就发现不对劲，他们不是“安分守己”的人。他们经常往外跑，也不断有陌生人到厂子里来找他们，一来就在宿舍里嘀嘀咕咕，像是在搞什么秘密活动。于是岳父就偷偷把他们叫到家里查问，两个人干脆亮出了底牌：我们是胶东共产党派到青岛搞情报工作的，就是要利用你的社会身份作掩护，建立地下联络站，希望你认清形势，为我们的工作提供力所能及的帮助。“当时真把我吓坏了，这可是掉脑袋的事情！我左右为难，把他们交给国民党，共产党不会轻饶了我；如果装不知道，厂子里的联络站一旦暴露，国民党还是会要我的命！”几十年后，劫后余生的岳父对我袒露心迹。

亲不亲，故乡人。共产党的地下联络站就这样在岳父的工厂里秘密建立起来，岳父还经常资助他们一些经费。再后来终于东窗事发，联络站被国民党特务破获，两个年轻人锒铛入狱，还是岳父拿出钱来打通关系，将他们保释并送往上海。这就是一个处于“国统区”的资本家懵懂的“觉悟”和良心。

解放后，胶东干部大批进入青岛，原来在岳父厂里搞地下工作的那两个年轻人也入城担任了重要职务，但因为阶级路线和政治氛围的缘故，与岳父的关系却渐渐疏远了。“文革”中，这两位已经担任要职的干部难逃厄运，受尽折磨，他们也慢慢从中悟出了人间冷暖。

政治风暴过后，两位干部先后官复原职，这才又想起那位曾经冒着生命危险保护过他们的老姑父。于是他们让岳父写了一份解放前参加“革命工作”的材料并亲自作了证明送到市里有关部门。没多久，市里有了结论，我岳父从“反动资本家”摇身一变为解放前参加革命的县团级“离休干部”。世事多变至此，令人啼笑皆非！记得接到通知后，不光岳父大人感激涕零，甚至我那小舅子也晕头转向地说：“我怎么一下子从资本家狗崽子变成革命干部子弟了？！”

房子有了，待遇有了，我的老岳父终于可以安享晚年了。谁知一场灾祸就在不远的前面等待着他。在疯狂的城市改造中，他到底没能保住自己的宅子，甚至因此而结束了自己的生命……

怀念姥姥

赵庆国

姥姥叫张文明，是河北省赤城县东峁镇东梁村人，小时候经常听到她说东梁这个东梁那个，可见她对老家感情很深。姥姥比姥爷要小二十多岁，据说她的父亲喜欢要钱，又爱串门子搞女人，一来二去就把家业败了，没有办法，一百二十块大洋就把姥姥卖给了姥爷。

姥爷的前妻因病去世，娶姥姥时他已经四十多了，还带着四个孩子。姥姥和姥爷婚后一共生了三女两男，姥姥的负担可想而知有多重。姥姥一生勤俭持家，把姥爷留下的前后两个大家庭打理得井井有条。我和姥姥感情很深，我家孩子较多，我母亲干针线活又慢，每到秋季，我姥姥都到我家来给孩子们赶制冬天的棉衣，往往要住上一两个月。姥姥做针线活又快又好，我们姊妹六人的入冬棉衣这么多年基本上是姥姥做，没有姥姥，我们冬天可能就要挨冻了。姥姥一生干净利落，把我们姊妹六人料理得干干净净。姥姥也很会讲故事，小时候经常在被窝里听姥姥讲她们村里的奇闻趣事。姥姥好像还会看相算命，我几次听她讲到我的命会很好，没准还会当个官儿什么的。事实证明，我还真从了政，也当了个不大不小的干部。姥姥记性很好，那些过了多少年的陈年旧事，她都能说得明明白白。据我母亲讲，姥姥直到去世时脑子还十分清楚，一点也不糊涂。

图 1 应该是 1985 年我入党那年拍摄的。当时我在北京师范学院分院读大学，我那时在学校表现还是相当不错的，思想上积极要求进步，学习上我在班里面应该是前几名，我的为人大家也比较认可，同时积极参加学校组织的各项活动，学校及班上对我入党的事也比较关心。我记得当时学校派了班上的党支部书记师昌蒲、党支部委员师国忠两位同学到我家延庆县白河堡村进行外调。当时应该是春天，我姥姥正好在我家住着，河东村的老姨和姨夫也去村里看望姥姥，师昌蒲是位摄影爱好者，他正好带着一台相机，于是就留下了这珍贵的一瞬。照片中排

图 1　家人合影。中排居中者为姥姥。摄于 1985 年。

图 2　我的姥姥。摄于 1985 年。

中间的老者就是我的姥姥，当时她八十多岁了。中排右侧为我的母亲和父亲，左侧二人分别为我的老姨和姨夫。后排四人中，左边的一男一女为我三姨的大女儿及女婿黎自荣和朱德起，右二为三姨的二女婿朱金贵，右一为我三姨的小儿子黎自亮。前排蹲着的两个孩子是我表姐黎自荣的一儿一女朱春艳和朱艳青，我老姨夫扶着的最小的孩子应该是朱金贵的儿子朱二龙。

当时师昌蒲还给姥姥单独拍了一张（图 2）。姥姥很上相，两张照片里她都很慈祥。经过几番寻找，还找到了一张姥姥和老姨更早的合影，应该是 60 年代的照片（图 3）。那时老姨还没出嫁，姥姥才五十多岁，还很精神，从老姨的穿着看，已经有了一点新社会的印迹了。

图 3　姥姥和老姨的合影。摄于 20 世纪 60 年代。

凝望着这些陈旧并有些斑驳的老照片，心情久久不能平静。时间过得太快了，转眼间几十年过去了。姥姥早已作古，享年八十六岁。她老人家去世时我已经调到中纪委工作，由于当时工作忙，她去世时我都没有顾得上回去给姥姥送终，说起来这是我终生的遗憾。父亲母亲分别于 2014 年和 2018 年去世，老姨夫也走了十多年了。

我已于去年光荣退休，图 1 前排的三个孩子也早都成家立业，有儿有女了。就连其中最小的孩子朱二龙，也都当上了延庆区水务局一个下属单位的总经理。我衷心地感谢师昌蒲同学给我留下了这珍贵的照片，更期望姥姥在天国安息，英灵永驻！

情随事迁

——长春的那些老建筑

王逸人

一

王羲之在《兰亭集序》提到过一个词，叫“情随事迁”，意思是感情随着事物的变化而变化。作为一个生长于长春的七〇后，笔者对老长春有着非常深刻的印象，在童年和少年时期大规模的城市开发还没有到来，也就是大拆大建还没有到来，老长春还“全须全尾”地保存完好。很多历史建筑留在我们心里的首先是它的功能属性，待有了很深的感情后才知道它的历史属性乃至阶级属性，再面对它们时，我们的内心是复杂的……而这也就是一种“情随事迁”吧。

在长春，应该有很多同龄人还记得小时候胜利公园里的电动木马吧，它曾带给孩子们多少欢乐！那些木马年深日久表面被蹭得锃亮，地地道道的“包浆醇厚”，而且木马还有“死马”与“活马”之分，“死马”只能转圈，而“活马”除了转圈外，还能上下运动，这才是男孩子们的最爱，所以游戏开始时大家都是尽量地去抢活马。许多年以后，才知道“胜利公园”在伪满时被称为“儿玉公园”。“儿玉”是指“满洲军总参谋长”

儿玉源太郎，当时在公园门口处有一个规模很大的儿玉骑马雕像，而电动木马也是那个时代的产物……20 世纪 90 年代末当笔者惊讶地发现电动木马全部被拆除时，内心一阵紧缩，怎么就这么把它拆了，经过谁的允许就把它拆了？多少长春孩子的念想啊，就是拆了，那些木马也该送进博物馆啊！查访了好长时间，最终也没找到下落，即使是这样笔者心中依然存有侥幸，希望它们被集体放置于某个仓库内，有朝一日能被发现，而不是沦为了劈柴被塞进某个锅炉……

在这里，我要重申的是，长春“满铁”与伪满时期的老建筑，在 1945 年 8 月 18 日溥仪宣读“退位诏书”后，物权就转移了，它不再属于侵略者而是转归于人民了。

二

近代长春的城市发展碰到了三次重要的历史机会。第一次是被沙俄规划在了中东铁路上，一百多年前能和铁路相连就是与当时的世界先进文明在握手，在东北，如长春者如哈尔滨者，城市都是因铁路而兴起；此外，“满铁”与伪满洲国又是非常重要的两个时期。而后两个时期又与两场战争紧密相连，它们分别是 1904 年的“日俄战争”与 1931 年的“九一八事变”，这些历史事件让长春的城市定位发生了深刻的变化。1905 年日俄战争结束后，作为战胜方日本从沙俄手中攫取了“梦寐以求”的“南满铁路”，他们急吼吼地将这段铁路由俄国的“宽轨”改成了“标轨”，这条铁路日本一直是极度珍视的。铁路南起旅顺北到长春，于是长春一下子成为“南满铁路”的最北端。

1932 年伪满洲国甫一建立，各种现实条件相互叠加促成长春成为“首都”。伪满洲国成立初，日本除了军力，还涉及一个“国际形象工程”的比拼，彼时香港是英国建设的样板，青岛是德国建设的样板，上海是“国际共管”建设的样板，哈尔滨是沙俄建设的样板，所以日本当局是非常想把长春建设好的，起码在观瞻上可与其他几处地方比肩。

1932 年 3 月，“满铁经济调查会”开始编制“新京”城市规划。随后成立了“满洲国国务院”直属的“国都建设局”，“国都建设局”制订了城市建设规划范围，确定“新京”的建设规划区为二百平方公里，除近郊农村的一百平方公里，以一百平方公里为建设区域，其中原有建成区域为二十一平方公里，第一期五年建设区域为二十平方公里，规划人口为五十万。该规划报请关东军司令部最后定案，成为《大新京都市计划》。《大新京都市计划》由日本城市规划专家设计，参考了 19 世纪巴黎改造规划、霍华德的“田园城市”理论，以及 20 世纪 20 年代美国的城市规划设计理论。在规划中，道路系统采用直角交叉与方格状结合，设置环岛广场，加宽道路设计，绿化带结合公园形成绿化系统。由于大力实施绿化，建设后的整个城区几乎全部掩映在绿海之中，1942 年，“新京”人均占有绿地 2272 平方米，超过华盛顿一倍，是日本大城市人均绿地面积的五倍，为亚洲大城市之冠。

这种“亚洲之最”的认识形态，直到 20 世纪 80 年代都没有变，一提起长春的“老虎公园”（长春动植物园），很多当地人会加个“亚洲最大”的后缀；一提起长春的“南岭体育场”（它的全称是“国立新京综合运动场”），除了“亚洲最大”外，还会告诉你，它的红色跑道可不是石碾碾轧成的三合土，而是用火山岩铺就的，而这种火山岩是从日本富士山专门运来的，一下雨水就会迅速渗下去，这种材料在当年是相当先进的。笔者在小学和初中时期每年都会被组织到这里参加“朝阳区运动会”，不同学校的同学们就是围绕着这条“红跑道”展开角逐的。

关于“新京”的建设有很多事在经历了一个漫长的历史过程后再回望时，或许会得出不同的结论。比如日本的建筑学博士佐野利器，他是日本现代建筑的先驱人物，1932 年 12 月受邀来到“新京”，担任伪满洲国国都建设局顾问，其主要工作是在城市里推行水冲厕所。很多人都知道长春差不多是最早全面推行抽水马桶和蹲便观念的城市，在木马桶遍地的时代，这里已开始比较系统推行卫生陶瓷。这样做的结果是极大地改善了城市的卫生条件，让现代文明深入城市肌理，在这件事上佐野利器是有贡献的。后来他回到日本，仍然积极推行“水冲厕所”，当笔者查到这份史料时才明白，原来当时日本的一些城市建设也并不完善，一些先进的事物反倒是在“满洲国”先行推广了。

三

在日本近代史上，一个最重要的建筑体系被称为“辰野式”建筑体系，它因日本著名的建筑师辰野金吾而得名。辰野金吾所设计的日本银行总行和东京火车站等著名建筑，今天依然保存完好且仍在使用。作为第一代建筑师，他对日本近代建筑的设计和教育有着巨大的影响，可以用名留青史来形容。后世的日本建筑师在查找其师承时，或多或少都受到了“辰野建筑谱系”的影响。

辰野金吾是地道留学英国的精英，他在东京帝国大学工学院就读时就是英国建筑师乔赛亚·康德（Josiah Conder）的学生。乔赛亚·康德出生于1852年，1877年（明治十年）来到日本受聘为东京帝国大学造家科教师，他对日本近代建筑的启蒙居功厥伟，因此又被称为“日本建筑界的恩人”。

“辰野式”建筑中常见红砖与灰白色系饰带相间，顶部是像王冠一样的塔楼与圆顶设计。红砖在日语里被称为“赤炼瓦”，是个很好听的名字，被很多人关注的东京火车站就是个地地道道的“辰野式”建筑。“辰野式”建筑说到底其灵魂是英国建筑里的“自由古典风格”，如果读者们了解伦敦的西敏寺大教堂（The Westminster Cathedral），一下就能看明白“辰野式”建筑的来路。

辰野式建筑出现在了很多地方，比如台北的西门红楼、台大医学院附属医院等，它们的设计师近藤十郎、森山松之助等皆为辰野金吾弟子。“辰野式”也出现在朝鲜半岛和中国东北，其中京城驿（当时的汉城火车站）就是参照了东京火车站的设计，设计师塚本靖是辰野金吾弟子；奉天驿（今沈阳南站）是很漂亮的一个老建筑，今年是它建成一百一十周年，而它的设计者太田毅和吉田宗太郎也是辰野金吾的学生。

当然长春也有地道的“辰野式”建筑，比如由中村与资平设计的朝鲜银行长春支店，那是南广场上非常漂亮的一个二层洋楼，表面葺有暗红色瓷砖，红瓷砖的墙壁上纵横配置白色条带。虽然名字叫朝鲜银行，可它实在是全资的日本金融机构。这座洋楼当年可是个“网红”建筑，很多老明信片里都能看到它的身影。非常可惜的是，在2000年8月它被拆除了。而中村与资平在东京帝国大学的授业者也是辰野金吾，所以说研究日本近代建筑史，真是绕不开这个体系。

四

“辰野式”建筑谱系人多势众，但究其根本是向英国学习的，我们且称之为“英派”。

在“英派”之外还有“法派”，在“新京”1936年竣工的伪满洲国综合法衙，可谓“气势恢宏，外形独特”，其设计师名叫牧野正巳。牧野正巳在东京大学建筑学科毕业后，为了更直接追求欧化浪潮，于1928年奔赴法国留学，跟着柯布西耶（Le Corbusier，1887—1965）继续学习建筑设计，柯布西耶是举世公认的建筑界领军人物，他最为世人所熟悉的作品是“朗香教堂”。

英法之外，再有一个参与力量就是“美派”了，“美派”以设计师远藤新为代表。远藤新1914年毕业于东京大学建筑学科，因缘际会后来竟成为赖特（Frank Lloyd Wright）的“入室弟子”。而赖特是一位举世公认的建筑大师，它所设计的“流水别墅”被称为“美国史上最伟大的建筑物”。

赖特于1916年至1922年受邀到日本进行第二代“帝国饭店”的设计，那是一座典型的“玛雅复兴风格”的建筑。他投入了大量的精力，甚至为此楼设计了有特制图案的外立面瓷砖，今天这种瓷砖都成了带有LOGO性质的建筑构件。就在这个时期，远藤新一直陪在赖特身边，最后也成为他的最忠实的弟子。

1933年，即伪满洲国成立的第二年，远藤新来到“新京”，设计了“新京国际饭店”的方案，显然这是有意去模仿他老师所设计的“帝国饭店”，最终“新京国际饭店”没有建成，但远藤新却接受“满洲中央银行”的邀请，设计了“中央银行俱乐部”。这处建筑充分体现了赖特早期“草原式”的设计风格，主体建筑是今天的“长春宾馆”，花廊长亭也完整保留，想一窥建筑史上著名的“草原式”建筑，就可以去那里看看。

情况就是这样，当年诸多世界顶级建筑师的亲传弟子都曾汇聚于“新京”，并留下了他的个人的作品。

五

有了上述对于历史脉络和建筑脉络的叙述，我们再看那些关于“新京”的老照片，所站的位置就会高一些。

先说说这些老照片的出处，它们均出自东洋文库《亚东印画辑》第九册，所跨越的时间段为1936年7月到1937年12月。《亚东印画辑》是由“满蒙印画协会”于1924年9月开始在大连出版发行的照片集，连续发行了十九年直到1942年才结束。其中的照片涉及中国的风俗民情、自然风光、人文历史、艺术文化等内容。

图1原说明上写着“顺天广场附近”。这里就是今天长春市新民大街两侧，是当年“满洲国”最著名的“官衙区”。在这一带坐落着“满洲国国务院”“司法部”“治安部(军事部)”“交通部”“经济部”和“满洲国综合法衙”。这些建筑都是“兴亚式”风格的，“兴亚式”在当时也是一种建筑上的探索，它主要针对的是高级的行政机构，商用建筑或民宅上肯定不允许使用。其来源上有对20世纪初日本“帝冠合并”式的继承，但在建筑的细节和风貌上又被要求更加靠近中国古代建筑。唯其如此，“满洲国国务院”设计者石井达郎在着手设计前还特意去了一趟北平。照片里左边的建筑就是“满洲国国务院”，它始建于

图 1 “顺天广场”附近

1935 年 6 月，以东京国会议事堂（国会大厦）为模本，建造得异常高大雄伟，体现出最高政府机关的威严。该建筑的主体为 4.5 层，地下 0.5 层（半地下），建筑高度为 44.8 米，在其后四十四年里它一直保持着长春最高楼宇建筑的纪录。大楼里面安装的是“奥的斯”（OTIS）牌的铜电梯，其中最大一部一直能使用，时间久了铜的表面会生出一层包浆，带给人一种“没落”的华贵感，差不多十年前笔者还乘坐过。“满洲国国务院”是被印在了“满洲国”发行的邮票和纸币上的，而他的设计者石井达郎就是被佐野利器带入“满洲”建筑设计领域的。

照片右侧的建筑是伪满洲国司法部，该楼建于 1935 年，他的设计者名叫相贺兼介。之前他所设计的“首都警察厅”和“国都建设局”两个作品已在“大同广场”建成。其实“司法

图2 “大同广场”附近之一

部”的图纸是他用来参加“满洲国国务院”的投标的，本来是被选中了的，可后来因石井达郎的出现而让相贺兼介的设计变成了“司法部”。“司法部”是很多影视作品所喜爱的外景地，如电影《滚滚红尘》、电视剧《少帅》（文章版）都曾在此取景，此外它的外立面也是笔者在长春诸多伪满建筑中最喜欢的一个。

图2和图3是同一组的，拼接起来就是一张横幅的“大同广场及周边建筑”。“大同广场”（今人民广场）是“新京”的“一环”，1932年7月举行奠基典礼，建成后这个圆形环岛广场一直就是城市最重要的地标。在设计上它完美地体现了霍华德的“田园城市”规划理论，广场外径300米（含路宽），内径220米，占地面积70686平方米，6条道路以广场环岛为中心呈放射状

图 3 “大同广场”附近之二

排列。从照片中可以看出，此时的“大同广场”刚刚完工不久，整个城市有很多地方都在建设中，彼时广场周围人员车辆并不多，“满洲国”的交通尊奉“左侧通行”，这一点在照片中可以清楚地看到。广场周边建筑都是伪满洲国最重要的行政、电信和金融机构，是“新京”投入量最大的建设区域。

图 2 中左侧的建筑是“满洲电信电话株式会社”，它建成于 1935 年，设计师叫岩田敬二郎，这里是伪满洲国电信、广播网络的中枢。从空中俯瞰该楼呈凹字形，地上四层、地下一层，大楼顶的三个塔楼和长城雉堞式的女儿墙非常有特色。此外，大楼门前的一对带翅膀的石狮子非常有特色。长春著名文史专家于泾生前曾告诉笔者，这个动物在日语里写作“狛”，这种造型的镇门兽为“新京”独有。1935 年 12 月，就在这栋大楼

里开通了"新京"至巴黎的国际电报业务，这在当时又是一项电信领域的先进事业。

图 2 和图 3 拼接起来，在拼接处可以看到一个钢结构框架的"希腊神殿"式的建筑，而它就是著名的"满洲国中央银行"。1932 年 3 月 15 日，"满洲国中央银行"成立，它所拥有的 100 多家分支机构遍布伪满洲国各地。

"满洲国中央银行"大楼是一处带有多立克柱廊的新古典主义建筑，地上 4 层，地下 2 层，它于 1934 年 4 月 22 日动工，1938 年 8 月 6 日主体落成。该楼使用钢材 5000 吨，费用大大超过最初 600 万"满洲国圆"的预算，是"新京"工期最长、耗资最大的建筑。该建筑由著名设计师西村好时设计，在此之前西村曾在日本国内完成多个银行和证券所的设计，而在完成"满洲国中央银行"后，又设计了台湾银行台北本部，两处建筑上是能够看出个人风格的切近之处的。

"满洲国中央银行"表面葺有大块的花岗岩，看上去就像一个由石头所建造起来的神殿。按设计要求，"满洲国中央银行"大楼的建筑主体是要能够承受重火力武器的攻击和轰炸的，因此施工方采用了钢筋混凝土结构浇筑的更为稳定的营造方式。由于整栋大楼能够耐火防震、防御空袭，所以"满洲国中央银行"在主体建好时被冠以"亚洲第一坚固建筑"之称。1948 年，东北"剿匪"总部副总司令郑洞国就是在此东北野战军投降的。

除了坚固的外壳，银行的内部设备也相当先进，它有自己独立的发电设备和供水系统，受到攻击只要关好门窗，它就是个"自在自维"的坚固堡垒。大厅里有巨大的石柱，写字台与长椅都是意大利进口的"雕塑专用大理石"雕成，于泾老师告诉笔者，这种石材当年被称为"云石"。而银行的金库大门的

图 4 建设中的“兴安大路”

厚度也让人咋舌，它是从美国进口的，路上的运输和最后的安装都是大费周章。如今八十多年过去，银行大厅还基本保留着原貌，感兴趣的读者可找机会进去参观一下。

需要提醒一下，图 3 最左侧“大同广场”的“圆心”位置，能看出来“满洲国水准原点的基石”已设置完毕，其实，它就是“满洲国”的圆心。1945 年，苏联红军出兵东北，进入长春后毁坏了这个水准原点，并在原址上修建了苏联红军烈士纪念塔。时至今日“苏军纪念塔”已矗立在广场上七十多年，很多长春市民已不知道这段掌故了。

图 4 拍的是在建中的“新京”“兴安大路”，也就是今天长春市内的西安大路。“兴安大路”起自“大同广场”向西北

图5　义和路街景

方向直至桥外兴安广场（西安广场），终点是大房身机场候机楼，这个机场在当时称“新京飞机场”。“兴安大路”在当年是一条非常重要的城市干道，中间会串起“丰乐路”（今重庆路）——“新京”最重要的金融娱乐街、同治街（今同志街）和兴亚大街（今建设街）等重要的街路。沿路两侧建的多是商住两用的小洋楼，一座高尔夫球场和“新京赛马场”也在“兴安大路”一侧；“新京卫生技术厂”和“新京千早医院”坐落在兴安桥外，它们在后来合并为一家非常著名的企业（“新京千早医院”成了它的宿舍），而这家企业就是鼎鼎大名的长春生物制品研究所。

此时“兴安大路”两侧的建筑还未建完，但“兴安大路”

本身已经建完，马路是三段式的，两边辅路也很宽阔，主路上的两块绿化带面积也很大。当年的道路设计者还是很有眼光的，后来，长春这些老城区主路的拓宽主要依靠缩窄或取消绿化带来完成的。此外，看得仔细的读者会发现马路两侧有路灯却不见电线杆，对，电线已全部埋入地下，在 20 世纪 30 年代把城市路政做成这样，实属先进。

照片中间突兀耸起的一个很高的建筑，那个是“新发屯水塔”，照片右侧有一座“纪念碑”式的高大建筑，它就是“新京忠灵塔”。

图 5 是义和路上拍到的街景，远处的高大建筑是前面提到

图 6 “日本桥通”

的“满洲国国务院”，这是它的后立面。马路右侧一大片的联排别墅，都是附近某个衙门官吏的住宅，其中一个小院子里还有一群孩子蹲在地上玩耍，按快门的一瞬，孩子们被永远定格其中。“新京”的城市特点归结为“大马路，两行树，圆广场，小别墅”，而这片住宅区就是对“小别墅”的最好诠释。这种住宅走进去都是宽大的红松地板铺地，走廊里的楼梯也是木头的，踏上去的声音是发空的，非常容易形成回声，而这完全是亲身体验才能知晓的。笔者小时候，长春所到之处有太多类似的社区，而今能如照片里这样形成规模的老高档住宅区已经一处都没有了。

图 6 为“日本桥通”，就是今天长春的胜利大街。不同的是，这里是“满铁附属地”时期所营造的，当年长春“满铁附属地”的范围从今天的长春站到胜利公园。日本人在此建设了邮局、警署、银行、煤气公司、报馆、加油站、公园、市役所（相当于附属地的政府）等机构。

1900 年，因为闹义和团，沙俄政府以保护侨民为借口出兵占领了整个东北。1905 年，通过日俄战争日本战胜俄国后，东北绝大部分权益还给了清廷，日本则得到了“关东州”和东北各大城市铁路（火车站）的附属地，也就是“满铁附属地”。而为了保护这些利益，日本军部向这些地区派驻了军队——“关东军”。

“日本桥通”就身处“满铁附属地”。其建于 1909 年，初始名称为“东斜街”，1922 年后，改称“日本桥通”，1948 年改称“胜利大街”。当年日升栈、电业会社、横滨正金银行、金泰洋行等商业与金融机构都汇聚在这条街上。从照片里一家商店屋顶写着的“大正堂商店新京支店”店名来看，这已是

图 7　“吉野町”

1932 年以后的街景了。

图 7 为伪满洲国时期的“吉野町”，即后来的长江路——它曾是长春最热闹的步行街。“吉野町”是 1908 年在“满铁附属地”里建成的，是一条长 1500 米、宽 15 米的道路。“一战”结束后，世界经济逐步恢复，在 20 世纪 20 年代，这条街变得热闹起来，日本各类商家到此落脚做生意，形成了以小二楼为主的商街模样。其中包括服装店、鞋帽店、餐饮酒馆、西餐咖啡、医疗诊所，还有大量的日杂百货、钟表眼镜等商家，其中著名的商铺有“八千代酒馆”“桃园酒屋”“藤田洋行”“鹿谷齿科”“藤田运动器具”等，此外“吉野町”与“东三马路”交会处的“长

春座”是长春的第一家电影院。

“吉野町”虽然路不宽，但因店铺林立——特别是每到夜晚，铃兰灯亮起的时候（老照片中可以看见的那种路灯，因造型独特酷似“铃兰花”而被世人记住），整条街道人头攒动，完全是一幅灯红酒绿的景观，所以在伪满洲国时，这里常被称为“新京的银座”。

关于这条街，笔者有非常亲切的回忆，但那却是20世纪80年代的“长江路”了，彼时长江路是人头攒动的步行街，它相当于长春的“王府井”。各种好吃的好玩的都汇聚于此，有马忠烧饼、开封灌汤包、天津包子、北方锅烙，其中“迎宾楼”饭店门口挂着四个幌儿，而著名的“乌苏里餐厅”在很长时间内是长春唯一的一家俄式西餐厅。此外，“长江影都”“时光照相馆”“宏光理发店”“秋林公司”也都在这条街上，这让长江路成为一条市井气息极为浓厚的老街，可以说在物质文明还不发达的那段岁月里，每个长春人都有关于长江路的幸福回忆……这条长春 “人气第一”的商业街到1992年时，在“原有破旧的店铺与现代化国际性城市要求极不相称”的理由下开始改造，结果工程拖拖拉拉地搞得那叫一个久远。慢慢地大家对它的文化认同与心理认同渐趋消失，一条旺街的魂魄就那么消散了，再也聚拢不起来了。后来，长江路算是彻底改造完了，但已是“冷清”的代言。这条街前后巨大的落差让很多老长春们嗟叹不已，现而今不要说“铃兰灯”无从寻觅，就是笔者小时候的长江路也无从寻觅，什么叫神飞杳杳，什么叫徒具形骸，观瞻此街的流变即可。

图8是“满洲国”时期“新京”大马路的样貌。从大马路到七马路，那里是长春老商埠地的所在。“大马路”完工于

图8　大马路

1909 年，其商业基础雄厚，历史建筑众多，街路两侧店铺林立，钱庄、百货、日杂、药店、布店、鞋帽店、建材铺等有 400 余家，彼时在此做买卖的人多来自河北。

现在长春人比较熟悉的“大马路”上老字号有“泰发合”（后来的“市一百”）、“鼎丰真糕点”、“东发合”茶庄（后老建筑被拆除，茶庄搬至东四马路与老市场胡同交会处）等。此外，老商埠内的多条马路间有若干胡同相连接，其中最著名的一条是“新民胡同”，由于“回宝珍饺子馆”就坐落在胡同里，所以那里是笔者小时候印象最深的一个地方……可以说，就民族工商业而言，“大马路”是长春近代城市发展中最浓墨重彩的一笔。

图 9 拍的是“南岭战迹纪念碑”。长春南岭兵营，又称南大营（今亚泰大街与繁荣路交叉口附近），曾是长春建营最早、

图 9 “南岭战迹纪念碑”

图 10　“新京忠灵塔”

占地最大、驻军数量最多的军事驻地，它建于 1907 年。

1931 年，九一八事变爆发，沈阳沦陷七小时后，日军向长春南大营发起攻击，却出乎意料地遭到了中国军队顽强抵抗。双方交战九小时，虽然日军最终占领了南大营，但也付出了伤亡近百人的代价。这是一场非常惨烈的战斗，它也成为九一八事变之初，作战时间最长、两军伤亡最大的一次战斗。长春学者孙彦平在整理《盛京时报》时，发现当时中国战死军警人数达 171 人。与此同时，长春的另一处兵营——宽城子兵营驻军也在顽强抵抗，而且日军伤亡惨重，熊川小队长被击毙。战后日本档案记载：“在满洲事变的首次攻击中，战斗最为激烈的是长春附近的南岭及宽城子。”

战后，日军在长春分别建造了南岭兵营和宽城子兵营的“战迹纪念碑”，这张照片是“南岭战迹纪念碑”。不过，后来的岁月里它们都被拆除了，甚至连拆除的时间都查不到了。2011年9月18日“长春南大营旧址陈列馆”正式对公众开放，如果“南岭战迹纪念碑”能被保留下来，作为有力的物证胜过千言万语。

图10所拍摄的是“新京忠灵塔”，此建筑在长春市康平街三角广场的西北方，今天绝大多数长春人已不知它的存在，但在20世纪30年代，这座塔可是个“国家级”的大工程。它是日本及“满洲国”政府为了祭祀自“满洲事变”以来“尽忠殉国烈士之英灵”所建。该塔为钢筋混凝土结构，建在石砌的塔基之上，顶部为重檐四角攒尖顶，塔身通高38.6米，并以大理石敷面，阴刻着“忠灵塔”三个大字。在整体风格上“忠灵塔”具有东方传统的屋檐造型手法，当初此塔的设计方案是经过竞标产生的，最后采用了日本横滨的设计师雪野元吉的作品。在塔的最底层，是一个庙宇式的塔堂，前端开有三洞半圆形的拱门，其他三边各有象征性的一个半圆拱洞，其实它就是将“纪念碑”和“灵堂”整合为一体的一处建筑。此外，塔前有一尊铜铸的“灵牛”，牛背上有东亚地图，刻意突出的是伪满洲国疆域；在塔的东南侧，建有一座“手洗亭”，为祭拜时净手所用。在“新京忠灵塔”周围建有一个占地三万平方米的广场，广场里有铺设着白色石子的甬路及带状绿地。这里每年都有二十多次大大小小的例行祭祀活动，最重要的是5月30日的春祭和9月18日的秋祭。春祭的时候，溥仪是要亲临祭拜的；而秋祭时，一般是派遣侍从武官代为祭拜。此塔在当年是一处标志性建筑，它也被印在许多明信片上，尤其有一张著名的照片抓拍到一架飞机从它的身边飞过……1945年“新京忠灵塔”塔身局部被毁，1952年塔体被拆除。

六

研习历史有一个很重要的作用，就是提升我们的眼界，很多事情经过理性的研究一定会产生更大的力量。

2000 年，笔者拿着装着胶片的尼康 FM2 去拍摄“日满军人会馆”旧址，只因为那个下午逆光比较厉害，所以连一次快门都没按——那栋建筑非常漂亮，虎皮色瓷砖、花岗岩砌的蘑菇石、欧洲城堡式的建筑风格。1937 年溥杰和嵯峨浩婚礼的答谢宴就在这里举行的——结果过了一个星期再去，正好遭遇它被拆除。在现场笔者看得心惊肉跳，发出了“拆楼的速度比快门都快”的感慨，于是一下子就提速了自己关于记录此类建筑的工作，同时尽最大努力为保护这些老建筑鼓与呼。作为一个重要的研究门类，它极大地丰富了我，可以说这些关于历史和建筑的知识都是一点点攒出来的。老建筑被拆除了一定的数量后，事情也终于迎来了从量到质的转变，最近几年感觉到很多人对老建筑的态度转变了，参与保护的人明显多了起来。此外，那个时期一些有重大历史意义和建筑价值的旧址可以被宣布为“全国重点文物保护单位”了，而这在过去是不可想象的。

为迎接美国总统而扩建的机场

李　宾

曾在中国历史上因第一场空战而闻名海内外的杭州笕桥机场（现为军用），最初是由国民政府建造的只有六百米跑道的机场。新中国成立后，杭州笕桥机场于1957年和1965年先后整修过两次。1957年元旦，笕桥机场揭开了民航飞行史新的一页，首辟上海至广州经停杭州和南昌航线。在民航杭州站的基础上于1960年5月25日扩编成立了民航浙江省管理局，使这个距离市中心十二公里的军用机场正式变为军民合用机场。

当时光来到1971年，此时对中国人民和美国人民来说都是一个重要的时间节点。美国总统尼克松应邀于1972年访华，原本美方的中国之行计划中并没有杭州这站，是我方主动提出增加的，当时我方高层对中美会谈的艰难性做了充分准备，认为无论是在北京还是上海，发生的谈判必然会受到国际社会的高度关注，杭州能作为一处微妙的回旋地，可用其温婉冲淡谈判的火药味。更重要的是1945年10月18日至12月4日，“飞虎队”曾驻扎在杭州笕桥机场，故地重游有利于增进双方的友谊、消除隔阂、加深了解。现在看来历史的渊源尤为重要。

1971年9月，基辛格率美方人员秘密来到中国，为尼克松

图 1 候机楼正面入口

图 2 候机楼面向宽广的停机坪一面

图 3　在迎送台远眺停机坪。

到访打前站。他们也到访了杭州，在实地考察后认为笕桥这座以军用为主的机场太小，跑道只有两千两百米长，起落的几乎都是小型战斗机，无法起降大型客机。而美国总统的专机“空军一号”（波音707）分量重，冲击力强，原有的跑道肯定吃不消，难以起降，而且连候机大楼也没有，因此美方要求对机场进行扩建。

为适应“波音 707”大型飞机起降笕桥机场，国务院、中央军委于 1971 年 11 月 8 日下达“关于扩建笕桥机场”的紧急指示，周总理亲自参与审定机场设计方案，将原来两千两百米的跑道加长、加厚，新建候机楼，扩建停机坪，修建到机场的杭笕公路。此项工程被命名为“118 工程”。

“118 工程”的重任落在了时任省革委会生产指挥组副组长金孟加的肩上，1971 年 11 月 9 日他被省委任命为笕桥机场建设工程指挥领导小组副组长。由于时间紧，接到命令的当天，他就到笕桥机场实地勘察，研究制定可行性方案。

经过研究，有几个棘手的问题，一直在他心头挥之不去。第一，扩建得征用几百亩土地；第二，各种建筑材料加在一起有好几十万吨，用普通的卡车不知要运到“猴年马月”；还有，水的问题如何解决？不单要解决建筑施工用水，而且还要解决

图4 国内航班候机厅

图5 入口前的屏挡

图6　贵宾室

几万建筑大军的生活用水。

11月11日，工程指挥部紧急商讨施工方案。经研究工程指挥部决定，把铁轨铺到笕桥机场附近，用火车运送材料，然后再用卡车转运，这样既方便施工又节省时间。同时在机场和钱塘江之间架一条水管，用水泵直接从钱塘江取水。

11月12日，移民工作座谈会也迅速召开，确定由乔司农场划出等量土地安置移民，计划用半个月时间，移民近百户，共五百多人，征用土地约五百亩。其效率之高可和改革开放初期的“深圳速度”媲美。

笕桥机场扩建工程，中央领导非常重视，周恩来总理一直亲自过问。他曾经建议，笕桥机场候机楼要建三层，具备接见、宴会和休息等多项功能。

“工程有了初步方案之后，我们不敢怠慢，即刻进京向周总理汇报。”金孟加回忆道。11 月 18 日下午，他和另一位工程负责人从笕桥出发，经上海虹桥机场转机，在次日零点多到达北京。第二天周总理就接见了他们两人，对于工程方案，问得很具体、很专业，金孟加回答了许多具体细节。

遵照周总理的指示，第二天他们还去实地考察了北京国际机场的建设，返回时又在上海虹桥机场逗留，还借到了虹桥机场候机楼的设计图纸，可谓一路顺利，接着是返回杭州，投入到紧张的工程建设中。

当时，杭州园林文物局高级设计师胡绪渭和省建筑设计院设计师唐宝恒，被派到笕桥参加“118 工程”，唐宝恒负责候机大楼设计，胡绪渭则负责机场和机场杭笕路两边的园林绿化设计，两人分头各自准备。胡绪渭提出的园林绿化方案——以绿色为基调，机场周围主要种植低矮灌木，机场路两旁则种植四季常青的高大乔木——被工程指挥部迅速采纳。

规划虽得到了批准，但工期依然空前紧张。这是一项必须完成的政治任务，谁也不敢怠慢。为确保工程进度，浙江省和

图 7　厕所隔断

图 8　电话间

上海市与南京军区等各方紧密协调。正在杭州半山担负“8311”绝密工程施工的三〇一团（时为空军工程兵三团）接到紧急命令，即刻开赴笕桥担负机场主跑道及主要道路混凝土工程等核心项目的施工。同时，指挥部上报军委紧急抽调广州空军一个工程营、南京军区一个陆军工程营及民兵团等驰援。当时杭州各生产队也都派出了最壮的劳力。11 月 15 日，两万多军民开进笕桥机场，工程建设正式开始。一场声势浩大的会战在笕桥机场拉开。

三〇一团原参谋长冉昭乾回忆：“工程开工那天，周总理在北京要听搅拌机开机时间的报告。当时已经是晚上了，因为施工模板由浙江省负责供应，我们全团指战员在团长带领下在工地上等候模板运到。眼见模板迟迟未到，不能开机，大家伙焦急万分。大约夜间 11 点了，我对团长说，你去休息吧，我们守在这里。哪知团长立即大吼，今天要开机，这是命令，命令你懂吗！这个时候怎么能休息，天上就是下刀子也不能离开这儿啊！快到夜里 12 点了，模板终于运到，现场一片欢呼。指挥部立即通过电话向周总理报告‘118 工程’开机了！”工程开工后，指挥部决定施工力量实行两班倒，吃住全部在工地，不管下雨下雪，工程建设日夜不停。冉昭乾回忆：“团里司政后从首长做起，天天守候在工地，每天从机场这头跑到那头，又从那头跑到这头，作业面一个个地挨个检查，随时解决出现的问题。那时施工运输全靠战士们推着小车飞跑，一个个腿都跑肿了，手和脸冻得皲裂了，但他们依然热情高涨，因为大家都明白，工期关系毛主席战略部署的落实……”笕桥（生产）大队的建设者黄毛银后来回忆说，去机场内干活的主要是笕桥、同心、横塘、草庄、黎明大队的党员与基干民兵，政审不过关

图 9　双人套间卧室

的还不要，吃住在里面，一周休息一天，一天十个工分，早上8点上工，一直做到晚上。“很吃力，但没人叫苦。开会和加班是家常便饭，一声哨子响，就必须马上出门。”黄毛银说农民的任务是运沙子、拌水泥、拉石头，技术活则是部队做。

在修建到候机室时犯难过，因为时间紧迫，墙面刷上油漆将很难干透，不仅气味难闻，还容易露出紧急扩建的马脚，丢了“地主”的面子。这时，一个工程人员想出个好主意：把淡米色的丝绸整匹整匹地铺在刮了腻子的墙上。这样一来，不仅解决了异味，也体现了杭州特色。

当年机场路旁一带的老百姓也被动员起来了，每家每户都安置“118 工程”民工，以解决住宿问题，为“118 工程”做出了自己的贡献。用当时的话说打了一场人民战争。

图 10　位于二楼的小卖部

经过连续艰苦奋战，1972 年 2 月 10 日，一个 5870 平方米的新候机大楼落成，34000 平方米的停机坪，经过加厚的跑道长 3200 米、宽 60 米，完全满足起降“波音 707”大型客机的笕桥机场展现在了人们的眼前。并顺利通过中央验收交付使用，创造了中国建筑史上的奇迹。后来人们把当年笕桥机场扩建称之为“笕桥速度”。

有图有真相，现在就让我们一睹当时“笕桥速度”创造的奇迹吧。图 1、图 2 是拔地而起的候机楼。其绿化的园林风格一目了然，完全实现了设计规划目标。图 1 为从杭笕公路过来时映入眼帘的候机楼正面入口；图 2 是修整一新的宽广的停机坪和对面的候机楼，候机楼侧面的语录牌标语口号是“全世界无产者联合起来”，由于尼克松的到访，马路两边和建筑物上的“打倒美帝国主义”及类似的具有反美特色的标语都被紧急处理掉了，而有意立这幅较为中性的标语，一定是经过深思熟虑的，想必是为了体现中国的体制和周总理要求接待“不卑不亢”的原则。图 3 是在迎送台远眺停机坪；图 4 为国内航班候机厅内景，由图可见这在当时可称得上豪华了；图 5 是入口前的毛主席诗词屏挡，用毛主席诗词作装饰可谓政治性和艺术性的完美结合；图 6 是每个机场必不可少的贵宾室，省部级以上干部和国外旅客则要在此候机，这是他们的专属；图 7 是厕所有机玻璃把手，这是一般影集里难得一见的私密场景，可见新的候机楼体现了人文关怀，以及干净整洁的追求，这在当时可谓先进的理念；图 8 是电话间，在当时国内大多数候机楼都没有电话间的情况下，可见其在当时确实是先进了不少；图 9 是双人套间会客室（另有双人套间卧室），这是按周总理指示，候机楼要“具备接见、宴会和休息等多项功能”特意建设的，想必是为领导人会客所用；图 10 是位于二楼的小卖部，在那个什么物品都要凭票供应的年代，每个机场的小卖部都是旅客登机前的首选地，所有旅客都不会放过在这免票的购物机会。

从内部装饰看，无论是二楼入口前的屏挡，还是小卖部墙上的中国字画，无不展现了中国的传统特色，这在“破四旧”“立四新”的“文革”还没结束的时期不得不说是大胆的突破，这也从另一个层面反映了领导层对回归传统文化，以及对外开放的渴望。可见后来改革开放政策是顺应时代发展的必然。这只是一次小小的机场扩建，却引起了中美高层如此的关注，可见双方对中美关系的走向无不充满着期待，也体现了领导者的大智慧。

奥村和一：我是蚂蚁兵！

殷占堂

作为日本“三光作战调查会”的会员，我经常参加该会举办的各种讲座和活动，奥村和一每次活动必到，会后也常常一起到咖啡馆，继续讨论、聊天，渐渐地我知道了他的身世和奇特的遭遇。特别是他十多年如一日，坚持状告日本政府的勇气和毅力，让人肃然起敬。以他为主人公的长篇纪录片《蚂蚁兵队》于2006年7月20日在日本公映后，引起了各界的轰动，他的著作《我是蚂蚁兵》在岩波书店出版后十分畅销，一段鲜为人知的历史大白于天下。为拍摄纪录片在山西省行走了的三千三百公里中，每到他犯过罪的地方，奥村和一都向人们道歉反省，这成为一次谢罪之旅。奥村和一先生到底有着怎样的奇特人生和遭遇呢？他为什么要坚持不懈状告日本政府呢？

入伍和杀人

1924年，奥村和一出生于商人家庭。1944年11月一纸红色“征兵令”，把他强征入伍。当时各地战事吃紧，人们心里都很明白日本战败之日很快到来，到了战场也是白白送死，所

图 1 在山西山间行军的日本士兵。

以他与父亲离别之时，将一束头发和遗书放在了神龛里。

入伍不久，便急急忙忙被送往中国战地，从日本博多港乘船一路上怕被美国潜艇袭击，提心吊胆到达朝鲜釜山，后来坐上闷罐车，经山海关，一路颠簸，最终被送到了山西省宁武县。一路上吃不好、睡不着，到了天寒地冻的山西，奥村成为日军第一军独立混成旅团独立步兵第七大队第三中队一名新兵。

奥村和一老人回忆说：新兵训练是相当严酷的，当时日本军队等级和年功序列制度的黑暗，没当过兵的人是想象不到的。上级无缘无故打骂体罚下级，一级比一级厉害，多么残酷的体罚制裁也得绝对服从，因为上级说，这是天皇的命令！当兵的，特别是新兵，一天二十四小时都在极度紧张恐慌中度过。人性和理性渐渐被剥夺了，一个个日本兵都变成了魔鬼和野兽，欺负人、打骂人是强者、勇者，被欺凌打骂的人成为弱者，是坏人。这样上行下效的结果，使日本军人认为，在中国杀人、放火、抢夺、强奸，干坏事越多越是英雄，越有能耐，越让人尊敬害怕。为了训练新兵杀人的胆量，他们抓来无辜的老百姓，捆在训练场的木桩上，用刺刀把人捅成马蜂窝。我问奥村和一："那你也参加了？"他低声应答："嗯，参加了，你若不干，就会受到更加厉害的体罚……"

我看着眼前这位清瘦、满脸皱纹、瞪着一双大眼睛、看上去很是慈祥的老人，曾经也是一个杀人不眨眼的鬼子兵，心里很是复杂，怎么也不可能合二为一，战争真是能把人变成鬼呀！

奥村和一老人说："1945 年 1 月，我们接到情报，说一个村里有八路军的便衣队，于是紧急集合去那个村突袭，我是轻机枪手，在村外四百米左右的灌木丛中发现了人影，队长一声令下，我便用机枪扫射，事后发现被我打死的人是一些小脚老太太和儿童……"我看到奥村深深低下了头，眼里含着泪花。他停顿了一会儿说："我在战争中犯了罪，我从心里真对不起中国人。后来我在 1948 年 7 月的战役中受了重伤，被解放军俘虏，并且迅速被送到太行山里的野战医院，得到及时抢救治疗，是解放军救了我一命。不过由于我在战争中犯下的罪行，作为犯人，前后在北京西郊、天津、大同、永年县、西陵的农场和看守所等地度过了六年零两个月的劳动改造生活，直到 1954 年得到宽大释放才回到祖国——日本。"

"1945 年日本无条件投降后，放下武器的日本军人除了一

图2　1946年，被阎锡山收编的部分日军合影。

部分罪大恶极的战犯，都回到了日本，为何你1948年还跟中国人民解放军作战呢？”我问。听了奥村和一老人的详细叙述才知道了这段鲜为人知的历史事实。

奉命“残留”山西的蚁兵

1945年8月17日，阎锡山派代表赵承绶到太原，秘密与日军山西派遣军第一军司令官澄田睐四郎中将协商，诚请日军在山西省内的驻军就地加强戒备，拒绝向八路军缴械投降，并立即将原来的伪军改编为“国军”，山西省原伪军司令部副司令赵瑞，摇身一变成为阎锡山的“山西省防军”第二军军长，该部也就奉命开赴太原西山一带第一线，防备八路军进入太原。8月24日，阎锡山来到晋中介休县。阎锡山给日军澄田睐四郎中将发电报，澄田立即派参谋长山冈道武少将亲率部队开着装甲列车，到介休把阎锡山迎接到太原。途经平遥车站时，阎锡山还检阅了担任护卫任务的日军第一军的直属部队。看到装备精良、军容整齐的日军，阎锡山笑着对山冈道武说：“这个部队能让我收编吗？”又惊又喜的山冈少将顺势回答：“一定尽力满足阁下的愿望……”

8月30日阎锡山回到太原，次日上午，山西省日伪机关的大小汉奸组织召开了“欢迎阎长官胜利归来”大会，会后，阎锡山专程去日军司令部拜访了日军第一军司令澄田睐四郎，表达了收编日军之意。之后，阎锡山的代表赵瑞和日军第一军代表岩田清一，经过一星期紧锣密鼓谈判，双方达成如下几点协议：1. 日军同意阎长官的提议，日军改编后留在山西由阎长官全权指挥；2. 对改编后的日军在现阶段的军级上连升三级；3. 安排全体人员的宿舍，并容许在军营外住宿；4. 合同暂定为三年，阎方负责日本人今后的归国事务、交通。许可日军家属来山西，也可以给日本国内家属寄款。特别欢迎日本军人与中国妇女结婚。

协议达成后，双方在太原海子边的日华俱乐部成立了专门组织。阎锡山说，中日双方是“志同道合、共谋其事”，因此该组织起名“合谋社”，直属第二战区长官部领导。合谋社主任为山西省政府梁秘书长，日方由岩田清一、诚野宏等人负责

图3 收编后的奥村和一（未戴帽者）和战友合影。奥村和一改名为燕兴东，燕与阎谐音，兴东即振兴东洋日本。

具体工作。

为了让众多日军顺从“残留”山西，城野宏等人编印传单，到各部队去宣传鼓动，以为了“天皇”、为了“祖国复兴”、为了将来“东山再起”、为了保存一部“日本武装”、为了让山西省内的日本居留民顺利返日等理由来煽动大家，有的下级军官和士兵不愿意“残留”，想早日回到日本与家人团聚，但遭到恐吓、威胁甚至毒打。一般日军士兵长期受到军国主义教育毒害，头脑十分僵化，只知道服从命令。

奥村和一老人让我看过一份文件，是1946年2月2日日军第一军参谋长签发的。“残留”山西部队名额如下：一一四师团两千五百名、独立步兵第十四旅团两千五百名、独立混成旅团一千五百名、第四独立步兵警备队一千五百名。也就是说，原计划留山西日军近万名。但是此事传到南京，1946年5月，军事调处执行部派“三人小组”来太原视察，日军和阎锡山怕引起国际社会的声讨，决定留山西日军减为两千六百名。先后改编为“特务团”“铁道护路总队”“陆军暂编独立十总队”，总司令为日本人今村方策大佐。先是驻防在阳泉、平遥、盂县一带与解放军作战。后在晋中战役时，在祁县、平遥、太谷等与解放军作战，损失惨重，仅剩一个炮兵团，退回太原。1949年4月20日，解放军总攻太原，阎军和日军负隅顽抗，24日清晨，解放军一举解放了太原，今村方策被俘后，服毒自杀。在各地战斗中，日军战死五百五十人，被俘七百人。作为山西阎锡山军总顾问的澄田睐四郎，看到大势已去，于1949年2月初，与一一四师团长三浦三郎中将等人乘飞机逃离太原，回了日本。行前去医院看望在战斗中受伤的相乐和菊地两大尉和其他伤员时，还大言不惭地说：“我一回到日本，就召集两三万义勇兵，马上赶回来，帮助今村君和大家扭转战局。”

奥村和一的遭遇

我访问奥村老人，是分好几次，断断续续进行的。有一次，我问他，日军山西“残留”的事，是否就澄田一个人的决断呢？

图 4　奥村和一在山西访问时与当地民众交流。

奥村说：不可能，这么大的事儿，那么多的人，怎么能一个人说了算。日本军队等级森严，报告制度又十分严密，肯定是得到军方和日本政府批准的。

“那为什么这种天方夜谭、史无前例的事，偏偏在山西发生了呢？”我打破砂锅——问到底。

奥村老人沉思了一下说：“实际上，当时作为普通一兵，连蒙带骗，再加上威吓胁迫，便糊里糊涂‘残留’下来，只知道这是命令，这是为了天皇，为了‘祖国复兴’。深层次的背景是在回到日本之后，为了打官司，状告日本政府，到处查找资料，向当事人调查之后，才搞清的，说起来话长，简约地说吧，山西很特殊，阎锡山曾留学日本与日本军界头面人物交往颇多，在抗战中暗中也有来往，他虽是中央军第二战区长官，但一直

图5 奥村和一在“三光作战”调查会上。

独霸山西，搞独立王国，与中央的蒋介石面和心不和。他一直敌对共产党，但凭他自己的力量怕敌不过共产党，因此，就想收编装备优良的日军为自己卖命。日本军方的考虑是：日本战败后，军队有可能被取消，苏联也可能占领日本北海道一带。如果能在中国保留一部分军队，将来有朝一日东山再起，这就是一股基本力量。正好阎锡山有收编的愿望，又有权保护日军。这事当时对外是保密的，我们的姓名都改成中国姓名，当时局势也很混乱，大批日军和居民都被送回了日本，留下两千多人，满以为可以瞒天过海的。”

奥村和一继续说道：“那是1946年二三月的一天，管人事的曹长把我叫去，直截了当地说：‘接到了上级命令，各中队三分之一的人必须“残留”下来，变成“特务团”。考虑到老兵长期征战，劳累过度，家里劳动没有帮手，以及伤病体弱人员必须回国，在家里排行老二、老三的年轻新兵就得留下，你也是在留人员，没问题吧？’因为在日本军队里，说是谈话协商，实际上是命令。”

“很快我被分配到‘旅团司令部’。在改编‘特务团’的工作上帮忙打杂。不久，又被分配到炊事班工作。干了一阵又分到输送班，8月份参加了激烈的忻县城攻防战、大同攻防战，1947年2月，我又参加文水、交城战斗。1948年7月，晋南、晋西、上党等地被解放军攻下，如果晋中粮仓再失手，就会直接威胁到太原，所以阎锡山最后调动十万大军与解放军决一死战。解放军的十八兵团几万人从华北赶来参战，晋中战斗非常惨烈，蒋介石也派空军支援，因为双方部队是激烈的拉锯战、肉搏战，阎锡山军、日本军也被飞机上的机关枪打死不少。后来我们逃到南庄，又跟解放军打巷战、院落战，一条街巷一条街巷地争夺、一座房屋一座房屋地争夺，打成了一锅粥。我正在房顶上的临时掩体里向外射击时，解放军一颗炮弹呼叫飞来，落在屋顶的近处，我负了重伤，昏死了过去，再后来就被解放军俘虏了。

“等我苏醒过来时，已经在解放军的临时包扎所。后来得知是我拼命用机枪扫射过的解放军战士抢救了我，用担架把我抬到这里进行了及时的抢救，他们不但没有杀我，还救了我一命。为我精心包扎之后，枪炮声还在响着，解放军首长就派年轻的战士找来一匹马，让我骑着，把我往后方医院转移。记得那天是7月16日，骄阳似火，我浑身都是伤，又疼又热又害怕，渴得嗓子眼似着了火，我求那位送我的年轻战士快找点水吧，他说受了伤，禁止大量饮水。后来在道旁碰见一块西瓜地，那位战士用钱向农民买了一个西瓜给我吃。这件事给我很大震动，当兵的吃个西瓜还给钱！真是不可思议。路过一个小村庄时，一位老婆婆认出我是日本人，她大声叫着‘日本鬼子！’一下子围上了好多人，又是怒吼又是要动手打我似的，我想这一下可死定了，吓得我低着头缩着身子，等待棍棒加身。可是战士拼命劝说阻止大家说：‘他是放下武器的伤兵，投降了就不是敌人了，他也是受骗的……’经过多次大声解说，终于平息了众怒，安全地通过了小村。

“到了太行山野战医院后，接受了很好的治疗并优待，也碰到不少原部队的日本人伤兵。治好伤后，我先后在天津郊区种过水稻，在大同附近修过水渠，在云冈石窟附近的煤矿挖过煤，在邯郸市永年县打过砖坯……经过六年的劳改生活，思想上确实有了很大进步。1954 年三十岁时终于回到了日本。”

状告日本政府

1954 年 9 月，奥村和一终于得到可以回日本的通知，他兴奋、感慨、憧憬，离日本十年了，日本有了怎样变化，家里的亲人们可好，他激动、亢奋，彻夜未眠。

在天津港坐了日本的“兴安丸”，同船的有四百多人，多数是与奥村和一相同命运的人，在舞鹤港登陆后，满怀激动和喜悦的奥村和一，迎接他的是冷冷的当头一棒：当局通知，他们这些在山西被俘兵士们，是“现地除役”，也就是说早已解除了兵役，不能算是复员兵，按普通人对待，各自回自己的老家吧。大伙气愤、暴跳，要求集体去东京找当局讨个公道。但是，在厚生省驻舞鹤代表和家人的百般劝诱下，大伙怀着沉重的心情，各自分手，回到故乡。

奥村和一回到故乡新潟县中条村第二天，警察就找上门来，开门见山地问：你是从中国方面归来的，详细谈谈中国方面的事儿吧。奥村说：我就是在劳教所，中国的事儿一点也不知道呀。警察就是不信，说：你被洗了六年脑，你是不是不想说？

图6 奥村和一出版的图书

警察天天来，一来坐下来就盘问，弄得家里人惶惶不可终日。他看给亲人带来麻烦，就想到村里串串门儿，看看老同学、旧时友人，可是他前脚离开人家，后脚警察就上门，问人家奥村说了什么？他可是从中国归来的“赤化分子”，有什么异常言行必须报告。他看到给人家添了麻烦，也就再不串门了，在家里闷着。村庄不大，奥村的事很快在全村传了开来，他上街见了人，跟人家打招呼，人家便急急忙忙躲开，就像见了瘟神和魔鬼，他多想痛哭一场呀，祖国、故乡比中国、中国人冷淡多了！

他去村里查看自己的资料，写的真是“现地除役”！他心里充满被欺骗、被出卖的怒火，从那一刻起他便萌生了状告日本政府的念头。

在故乡受到冷眼相待，根本找不到工作，好心的表弟介绍他去一家汽车修理厂，可是社长说：从中国回来的，以后还不知会出什么事儿呢，警察会来找麻烦的，爱莫能助。于是，他决定去东京，东京大公司多，可是对于无一技之长的他来说，求职同样很难，只好打零工，住的是给从中国归还者的简易宿舍。什么技能没有也不是长久之计，于是他一边打工一边学习，考入了早稻田夜间大学。毕业后已是1964年，他看到一家专业报纸招记者，便怀着一试的心情去面试，社长说：从中国回来的，正好我这里缺这样的人才，原来社长是日本共产党干部。他高兴地担任了该报的“东西贸易版”记者，并且负责“中国物产展”事务，通过中国展，让日本人了解中国，喜欢中国的食物、文化，中国的摄影展、书画展，促进日中两国之间的交流。奥村拼命工作，感到很幸运，又能跟中国打交道了，他多想报答中国恩情。当时正值冷战，搞中国展是有风险的，右翼分子时常提着大棒来捣乱。每当这时，奥村和一就以军人的勇气与他们勇敢地争论。在这期间，奥村和一积极参加了日本各种运动，如促进日中邦交恢复、反对日美安保条约、反对美国侵略越南的宣传和游行，等等。可是他始终没有忘记“残留山西”之事，他与战友们互通信息，到图书馆、防卫厅资料室查找当时被命令“残留”的证据。功夫不负有心人，不少当时的证据、电报、命令被找到了，后来他又在河北大学教授陈俊英先生的帮助下，几次到山西省档案馆、国家档案馆查找资料。从1991年起这些“残留兵”结成了“全国山西省在留者团体协议会”，他们向日本国会、众议院、参谋院、厚生省、各都道府县提诉请愿，状告日本总务厅，多次裁判的结果都是一样——败诉。败诉的根本原因是日本政府不愿意向世人暴露当时日本政府的险恶阴谋——狂想在中国保留一部军事力量，妄图东山再起、卷土重来。这是前所未闻的丑闻。另一个直接原因是在法庭的听证会上，原日本第一军司令官澄田睐四郎公开作伪证，说他们是自愿“残留”山西，他说：“战败后，我曾到各部队去，劝大家

图 7 作者与奥村和一合影。

老老实实缴械，一起返回日本吧。可是他们不听劝说，自愿‘残留’山西，我也没有坚持，这也是上了阎锡山玩的圈套。”而法官竟然听信了他的谎言。

状告日本政府十几年，好多“残留老兵”已经含恨去世，健在的寥寥无几，体弱的、卧床的、住院的，可是以奥村和一为首的少数人仍在坚持，等待高等法院做出有良知有良心的判决。有的人风言冷语地说，这些老兵告状、闹腾，就是为了“钱”，为了“恩给”（军人抚恤金）。奥村很生气地告诉笔者，我们到战场上当炮灰，受了伤受了苦，死了那么多人，别的军人和家族有，为什么单单奉命“残留”山西的人和死者家属没有？这公平吗？再说，我们回到日本，生活那么艰难，一分钱也没有拿到，我们现在都已是八十多岁的老人了，还能活多少天？要钱又有何用？我们告状的目的，是要撕破日本军国主义制造的谎言，要为历史作证，要向中国、向亚洲其他国家人民深刻反省谢罪。

确切数字不得而知，据说日本有几百万人和家属在领取政府的恩给，根据服役年限、级别、驻防地，每月领到的抚恤金相差很大，从几万日元到十几万日元不等。由日本政府总务厅恩给局管理。规定很细、很繁琐，大体规定，当兵服役十年以上，才可享受恩给，不过如在国外驻屯地，在所谓无战斗的地区（如朝鲜等）一年可算两年，如到战斗地如中国大陆各地，就是一年顶三年。奥村和一从当兵到回到日本，一共是十年，应等于三十年，他该拿三十年级别的恩给。如果他一回到日本就享受恩给，也就不会打零工、忍受饥饿，住简易房，得了胃病无钱医治。奥村和一虽然在中国接受了六年两个月的劳动改造，但他一点都不恨中国，相反一直热心于日中友好和反对军国主义复活的活动。为了感谢中国，希望日中永远友好。他给自己的孩子起名为奥村友好，希望中日两国世世代代友好下去！

·更正·

由于工作疏忽，第一三二辑中第48页图应为“徐鲁溪”而非“叶向真”；第55页图经刘玫女士核实，右二为王贵明而非刘桦校长。特向读者致歉。

支边格尔木

谭　泽

1965年是“四清”运动刚刚结束，“文革”即将开始的一个特殊时期。这年8月，我中考落榜了。开始很难过，后来得知班上凡是出身不好的同学基本都落榜了，而一些出身好的、平时经常考试不及格的同学竟然都被录取了。这才知道落榜和成绩无关，和政治有关。

落榜之后只有两条路摆在面前：一是等待招工就业，可能遥遥无期；二是下乡，那是不到万不得已不能走的路。就在这时，青海建设兵团来招兵了，这无疑是摆在大家面前的一条新路。特别是配合招兵放映的新疆生产建设兵团的纪录片《军垦战歌》，看得大家心潮澎湃。青藏高原、柴达木盆地、建设兵团、屯垦戍边这些充满诱惑的字眼，将好多年轻人的心撩拨得再也按捺不住。

那个年代十六七岁的年轻人，几乎从来没有离开过所居住的城市，绝大部分人都没有坐过火车。对外面的世界，大家既懵懂又向往。而对荒凉、艰苦这些词汇的认识仅仅是停留在字面上，没有真正的理解，更不知个中的滋味，只知道艰苦和光荣是连在一起的。

图 1　我的军装照

于是我毅然报名参加兵团。结果查体因为心律不齐，被刷了下来。事情往往就是这样，越是得不到的越千方百计地想得到。第二年春天，我又去报了名。这次负责查体的医生恰好是我家的邻居，他下班后去家里征求了我父母的意见，第二天在我的体检表上填写了“合格”二字。

发下军装之后，我到青岛中山路上的天真照相馆拍照留念（图 1）。记得当时一英寸的照片是五角六分钱。照相师傅给我拍完之后，提出让我捧着一本《毛泽东选集》，说是要拍一张样片。我没有听懂样片是什么意思，只是听明白我不需要再交钱。师傅拍的时候很上心，发现我的脖子太细，军装的领子挂上风纪扣后还有不小的空间，便拿来一个卡子从脑后把军装领子揪起来卡住，拍了好几张才算完。之后我取回了那张一英寸的照片和底片。到了青海之后，家里来信说，天真照相馆临街的橱窗里摆着一张好大的我手捧《毛选》的照片（图 2）。我走的时候是 1966 年的第三批，后面还有第四批，照相馆这是为了配合宣传。那个年代没有什么肖像权之类的概念，所以也无须征得当事人同意，但家里还觉得挺光荣的。一年后，家人去照相馆花了两块钱，把那张大照片买回来了。

4 月 15 日，八〇〇兵团战友满怀豪情地乘坐专列从青岛出发。一路上要给正常运行的列车让路，走走停停，三天后抵达西宁。两天休整期间，大家突然感觉上楼时有些气喘吁吁，连领导说这是高原反应。原来西宁海拔两千三百米，缺氧。之后我们换乘大客车，走了四天，抵达柴达木盆地的腹地格尔木。大客车还没有停下，透过车窗看见一个高耸入云的黄色风柱呼啸着迎面扑来，擦着车身过去，再一看车里每个人的头上身上全是一层黄尘。车外的路上有马车，上面坐着早我们半年来的军垦战士，军装已经褪色，脸晒得黢黑。我们面临的并不是纪录片中的欢歌笑语，艰苦的考验开始了。

图2 手捧《毛泽东选集》的样片

一个月后，天热了。没有想到我们家乡只有夏季晚上才有的蚊子，这里大白天就铺天盖地地袭来。大家下地劳动要像养蜂人一样头戴防蚊帽，袖口裤腿都要扎紧，晚上睡觉要用床单把头蒙上。不少战友白天在地里做过测试，一巴掌拍在衣服上就能打死三四十只蚊子。加上强体力的劳动，出发时的热情才几个月就彻底被浇灭了。但是我们往家里写信，都是只报喜不报忧。半年后家里来信说希望拍张照片寄回去，看看我现在变成了什么样子。

格尔木只是在城区有一家照相馆。我们连队离格尔木城区大约八十里，没有公共交通，要搭便车。我连住地偏僻，极少有车路过。我打听有拖拉机要去团部拉化肥，便请了假，坐在拖拉机拖斗里到了团部，这里离格尔木还有五十里，就站在路

图3　在格尔木拍的肖像照

边等待顺路车。到格尔木已经是傍晚了。

第二天上午去照相馆照相。格尔木没有电，各个单位到了晚上都有自己的发电机，满大街都是扑通扑通的柴油发电机的声音。照相馆在城中心的大街旁，是一间平房，南面是一个大窗子，屋顶上也有一块玻璃，照相全靠自然光。玻璃上面都贴了白纸，为的是让太阳的光线柔和一些。上午去照了相，下午去取照片。第三天再搭车回连队。

本来把照片寄回家是为了让父母放心，没想到他们看了照片（图3）反而增添了心事：这才几个月，那个十六岁的稚嫩少年，竟是满脸的惆怅。我今天特别喜欢这张照片，它拍出了当时处境下的神情，满是无奈和伤感。

我出发去青海的时候，父亲因病正住医院。我是穿着新军装去医院和他告别的。其实我知道父亲是不希望我去青海的，那么远，那么荒凉，在历史上那是流放地，解放后是安置重刑犯人的地方。特别我们是按照一半男生一半女生的比例搭配的，明摆着就是移民嘛。但是父亲当时对十六岁的孩子并没有明说，只是说不去不行吗？事后我想，面对政府轰轰烈烈的动员，他不能散布反面的言论；再说看到我连续两年报名，他不想打击我的热情。

和家人临别前的合影，唯独缺了父亲（图4）。后来回家探亲，和父亲在院里拍了这张照片，这是我和父亲唯一的一张

图4 临行时的家人合影，唯独缺少了父亲。

合影（图5）。

由于我们驻地海拔两千八百米，气候、伙食都不习惯，加上强体力劳动，我变得又黑又瘦。回来探亲住了两个多月（每两年有五十六天探亲假，大家都多多少少超假），家里把积攒下的各种副食品票都拿出来买给我吃，临走时我变得又白又胖。只有四十多岁的父亲却显得很苍老，一是生活拮据，虽然父母都工作，但是要赡养奶奶和抚养我们五个兄妹，日子过得很紧巴；二是父亲出身不好，还有很复杂的海外关系，那会儿政治运动不断，父亲始终处于极端恐惧之中；三是他患有严重的高血压，营养跟不上，人很消瘦。

从青海格尔木往家里写信最快一周才能到，家里回信又是一周。父亲回信总是很及时，几乎没有让我失望过，让周围不

图 5 我和父亲唯一的合影

少战友羡慕。父亲每次都是写三四张信纸，详细介绍家里的大事小情，甚至哪个亲戚来过，副食品供应又增加什么了，都说得详详细细，他是为了让我感觉仍然还和在家一样。

第一次回来探亲已经临近春节。我从西宁买好火车票给家里打电报通知了车次。没想到火车晚点四个多小时，抵达青岛时已是夜里十二点多了。站台上冷冷清清的几乎没有人接站。我们同行的几个战友家离火车站比较远，这时公交车已经停了，他们正在议论是否要在候车室待到天亮。突然我看到了裹着棉大衣的父亲的身影，我提起车窗大声叫喊。我们一行八个人，只有我父亲来接了！路上父亲说按照正点时间骑自行车来过一次，说是晚点了。这是今晚第二趟跑火车站，在候车室等了近两个小时了。

我 1969 年底回青岛探亲时，父亲身体不好，血压很高。过完年准备返回时正忙着收拾行李，父亲坐在床边看着我装包，突然他把手表撸下来递到我手里让我戴上，说：你回去后我若是犯了病你能回来吗？我觉得这样的话不吉利，便说：别乱说，我回不来。

万万没有想到，父亲的话竟一语成谶。

我回兵团两个多月后的 4 月 17 日（这是我们当年从青岛出发纪念日的第三天）傍晚，去团部取信的通讯员带回一封哥哥发来的电报：父病危速归！我一看电报的发出日是 4 月 10 日，已经一周了！立即找连长请假，说电报是一周前发出的，我想去格尔木打个电报问问现在怎么样了。

那时正是“文革”闹得厉害的时候，战友中经常收到这样的电报，大都是家里不放心催孩子回去而编造的。甚至有一个电报竟然直接说“父病故速回”，事后得知是假的。连长可能被“狼来了”骗得多了，当即表示不准假。我央求他，我们家不会造假的，我只是去格尔木打个电报。连长说明天你们班要去拉野麻（水渠打卡子用），回来再说。

没有办法，我第二天跟班里人一起去拉野麻。我心里惦记父亲的病情，根本没有心情干活。班里的战友就说你快别干了，坐一边休息吧。拉野麻的地方很远，一直到晚上才回来。我一下拖拉机就去找连长，连长说现在正在搞运动，一律不准请假。我二话没说，扭头就走了。

格尔木 4 月份还很冷，都穿着棉衣棉裤。第二天一早还没有到开饭的时间，我去伙房要了个馒头吃了，又在口袋里装了两个馒头，换上胶鞋，步行出发了。原以为路上总会搭上便车，没想到竟然这么不顺，一辆车也没有搭上。路上饿了，就啃一个馒头，趴在水渠里喝两口昆仑山流下来的雪水。特别是最后那段路，天黑了，看不清路，只见前面亮晶晶的一片，那是渠道跑水了，面积太大，没法绕行，只好涉水而行。心里着急，天黑又害怕，硬着头皮深一脚浅一脚地朝着远处格尔木微弱的灯光走去。

八十里路整整走了十三个小时。我摸黑找到位于格尔木小岛的工程团二连我姑家表哥的宿舍，他陪我又走了三四里路，去了格尔木邮电局。邮电局下班后没有值班的，我们转到后面的家属院好一顿乱敲门，终于有一个声音传出来：什么事？我说有急事要打电报。对方说：下班了，再说都停电了，明天再说吧。我这时才想起来，格尔木晚上十点以后就没有电了，怎么可能发电报？

第二天，邮局还没有上班我就到了。开门后我把拟好的电报稿递过去，一百多字，大意是父亲病情怎么样了，回去绝对请不下假来，如果需要我回去那就不请假跑回去，后果无非是受个处分。明天动身的话，最快六七天到家。最后让家人把电报回到格尔木邮电局，我在这里等。

几个小时后电报回来了：父已于17日病故，后事处理完毕，不必回来了。看到电报我一下子怔住了，两三天来一直担心害怕的事情终于发生了！我禁不住泪如雨下，父亲这就走了？父亲病故的那天正是我收到电报的日子。其实那天哥哥又给我发了电报，只是我还没有收到。

我不知道是怎么走回工二连表哥宿舍的。午饭、晚饭都吃不下，整夜里一直睁着眼，父亲生前的一幕幕在眼前过电影，是那样亲切。我一直不相信父亲已经离我们而去了。

第二天中午我才回到连队。先去结了婚的好朋友王培法大哥家，他爱人姜远洁给我下了一碗面条，又找出块黑布做了一个袖章给我戴上，然后我去找连长。连长一看，可能心生愧疚，连忙说快回去好好休息吧。没有想到的是，晚饭后全连点名，指导员宣布因为我不请假外出，给予队前警告处分。散会后我找到指导员质问他：什么叫队前警告处分。指导员说就是队前批评，不进档案的。我什么话没说就走了。

就在写到这里的时候，我内心还在颤抖，禁不住悲伤和气愤！

父亲去世后，家里的收入减少了一半多，生活一下子陷入困境。我当时每月有十块零五毛的津贴费，从第二个月开始我每月往家寄十块钱，去除一毛钱的邮费，还剩四毛，只够买五张邮票。我几个要好的战友，这个送我一块肥皂，那个送我一

图6 我（左二）在兵团十五年最有意义的一幅合影。摄于1969年秋。

管牙膏，还有的送我一叠信纸。这种情况一直持续了一年。直至妹妹就业，我才不再一月一寄了。

父亲去世的时候只有四十五岁。后来得知父亲死于医疗事故。那时正是“文革”时期，父亲出身又不好，家里没有过分追究，最后不了了之。

图 6 是我在兵团十五年最具纪念意义的一张照片，是 1969 年的秋天拍的。

当年兵团的干部有几个来源：一是从各单位选派来的；二是原格尔木劳改农场（兵团的前身）留下的管教干部；三是复员军人提拔的。他们有一个共同点就是文化水平很低。比如一位团领导就在大会上批评一个老大学生，“天天在家看《资本论》，研究如何搞资本主义”。我们连的指导员在主持召开秋收誓师大会时，念成了警师大会。类似笑话不一而足。

那时连队较乱。连干部不怕偷鸡摸狗旷工打架的，就怕有文化有影响的所谓“幕后人物”。于是就想借机整整这样的人，照片上的几个人就首当其冲了。我们几个都是青岛市南区江苏路管区的，家里住得很近，还都是小学或中学的同学，出身都不好，有的出身是资本家，有的亲人在台湾，还都平时愿意看看书，发表点议论。连干部都是陕西、甘肃、河南农村的，当兵后又都在青海西藏的大山里没见过什么世面，他们听说“资本家”“去台湾”，就觉得大逆不道。于是我们这一帮就被批为“一小撮”，我（左二）和右三还被打成现行反革命，那天是 1969 年 1 月 9 日。

我的罪名是为刘少奇鸣冤叫屈。我一再解释说，那是八届十二中全会作出开除刘少奇党籍的决定之前，当时我说党的政策一贯是批判从严处理从宽，说不定最后能给刘少奇保留个中央委员，但是没人听你的解释。我被关押之后，和一个打架生事的关在一起。有一天他为了立功，揭发我夜里起来面对领袖像撒尿。当时是冬季，夜里气温零下一二十摄氏度，厕所离得非常远，全连都是尿在旧脸盆里。我夜里起来，没有电，黑灯瞎火的，至于是不是面朝墙上张贴的领袖像，哪里说得清。再说就算是面朝领袖像又算是什么罪名？但是连里却觉得又抓住一条“现行反革命”罪状。此时我知道，这是欲加之罪在劫难逃了。

右三那位，平时自学逻辑，喜欢和人辩论。一次又在高谈阔论：世界上一切事物都是一分为二的。有人给他挖了个坑：“那么 ××× 思想呢？”“当然也是一分为二的。”在普通人眼里，一分为二就是有好有坏。于是这句话成了铁板钉钉的罪行。

我们两人挨了多少次批斗，已经记不清了。开始我还好好记着，到二十次以后就懒得再记了。我那几位朋友也受到牵连，只准老老实实，不准乱说乱动。

到了秋季，又揪出一批，有了新的斗争对象，对我们的管制放松了。

师里照相馆的人到连队巡回照相。我们这“一小撮”就想拍张照留作纪念。大家决定离连队远一些，不要让人觉得是要示威。我们结伴叫上拍照师傅往营房南边地里走时，还是被人发现了，于是有人传开：这“一小撮”贼心不死，又凑到一起了。

照片拍得很悲壮，满脸都是不服气，像要英勇就义。

粉碎“四人帮”后，我先是被选派到青海日报社学习，回来后调到团政工科当宣传干事，直到回城。那一位“难友”恢复高考后考取青海师专，然后考取北京师范大学哲学系逻辑专业研究生，毕业后分配到中国海洋大学任教。

这都是后话了。

我的高考

魏兴荣

又临高考日，加之2020年高考前夕突然集中爆出的一桩桩寒门学子被顶替的黑幕，不禁戚戚然悲思缕缕。联想起自己不太寻常的高考经历，遂提笔追溯那些貌似远去的日子。

我亦寒门女，高考是我走出穷乡僻壤改变人生命运的独木桥——还有人说高考是第二次投胎。我是经历了三次高考才跳出农门的，其中的万般况味千般艰辛及坚韧，值得书写于此。

我的高考梦被蹉跎了若干年，曾几经梦碎。

第一次蹉跎是"文革"

从小学到高中，我的学习成绩一直名列前茅。也因此，上学始终是我最大的快乐。

记得上初中时，教数学的许恩然老师爱给我出一些课外的解方程应用题。不管题有多复杂，我很快都能解出来。他总是啧啧称赞说：嗯，怎么也难不住你啦！教语文的王秋德老师在班上念我的作文，念完后他问大家：写得好不好？同学们说：好！

那种被肯定、被表扬、被关注或被羡慕的感觉，对生命是一种沁人心脾的滋养，对学习也是一种再激励。

但及至升高中时，赶上了前所未有的推荐模式，即取消考试，推荐上高中。

我所在的联中（相邻的几个村联合办的初中部）就在本村。那时是“贫下中农管理学校委员会”（简称“贫管会”）掌控推荐权，而“贫管会”的主任、副主任分别是村支书和副支书。见他们的推荐名单里没有我，有立场且有个性的校长许树炳老师不干了，他对“贫管会”的主管们说：魏兴荣是我们联中的尖子学生，不让她去，这个学校没有一个人有资格去，那样的话，洄河联中就谁也别去了！面对凛然决绝的校长，“贫管会”退却了，我得以进入了高中——陵县六中。

图1 小时候的我

许校长不止为我一人护航，其他同被推荐上的同学也都是学习较好的。而两位“贫管会”领导的女儿一个也未能去成。如果不是许校长秉持大义，我的读书梦先就破碎于高中门槛前了。

由于高中是推荐上学，高中生们年龄便有些参差不齐。我的年龄算偏小的。但三年的高中阶段我一直是学生干部，担任过三级三班的副班长、年级学生会妇女部长及团总支委员。有一次张法杰校长说，有的同学当班干部但学习不够好，魏兴荣身兼数职，学习还这么好，难得。

还有一次，教我们数学的王清泽老师在班里挑了四个学习较好的同学，给我们出了一道有一定难度的数学题。我坐在教室南侧的田埂上（记得那是校园里的麦地），不一会儿就率先解出来了。我拿给王老师看，他说，哎（三声的声调），你这个解法真简单！下课之后他又对我说，把你的题拿过来我再看看，让我欣赏欣赏。老师的满面欣喜，溢于言表。

有人说，有些女生在小学、初中学习不错，到高中就不行了。那是因为高中学业难度加大了，能够检验学生智商的，更多的是高中阶段。应该说我经住了高中阶段的检验，上学以来，小学初中高中，一路高歌前行。

值得一提且令人欣慰的一点是，虽然“文革”十年覆盖了我小学到高中的全过程，但幸运又例外的是，小学及初中时，“文革”的狂涛被隔在我的校园围墙之外，我们没人给老师贴大字报，也没批斗过老师，师者尊严依在，学校秩序井然，学习未受干扰。

上高中时，我们又意外并幸运地赶上了“教育回潮”——啥叫“教育回潮”，网上可查。我的高中期，正赶上从举国教育闹“革命”折回到无须“革命”的正常时期。校园里得以安放着我们安静的书桌，学子们得以奋发读书。

也就是说，我的小学、初中及高中整个学习过程，除了课本不可避免地带有时代特色——小学初中都没有文体艺术之类的课程设置，这些学科都被综合到一门“常识”课里，高中才有的英语课，第一课的句子是“Long Live Chairman Mao”（毛主席万岁）——整个学习过程我们是安享教育的本来面目所呈现的端庄美好的。

我当过多年的学生，也当过数年的老师，为师时小学、初中都教过。我深知，学习好的学生从不感到上学的苦与累，一如喜欢读书的人备享读书的乐趣。上学的乐趣，我一直在尽享中。

记得高中时有一个同班陈姓男生和我说过一句貌似“轻狂”的话：如果高考，我们要考不上谁也考不上。我也狂傲地回答：是的！

可高中毕业时，原本可继续延伸的学习乐和上学路中道而止了。在一座跨不过去的断头桥上，我泪流满面（独自在宿舍哭泣），望洋兴叹。那片阻止我抵达大学彼岸的汪洋，是左右我及无数学子命运的“文革”。

大学梦碎，岁月蹉跎。我回乡务农一年，做民办教师数年。当时心想，这辈子，大概就这样困顿乡间了。

不期然中，高考竟突兀地来了

1977 年冬季（网上查询是 10 月 21 日），恢复高考的消息突如其来地公布，关闭十年的考场将重启。

这对我是猝不及防的喜讯。不管三七二十一，迅即报名。

没有课本，没有资料，没有指导纲目，没有复习时间。一个月后，我和那些被困顿着的考生们一起走进了考场。

很快，我收到了大学初选通知书（那一年还有初选）。我们班收到通知的只有三人，二男一女。全六中被初选的同学骑着自行车一起去县城体检，我们有说有笑，一路芬芳，好像大学的门就在眼前。

可之后，我未能等到入学通知书。一向成绩优异踌躇满志的我，未免一阵惆怅。那一年考了多少分，没有被告知。只记得报考的志愿是山东大学。

我当然还要再考！而且，我还做出了一个连带抉择：退亲。

高中毕业之后，经亲戚介绍，我已定亲。男方是现役军人，他父亲是县民政局局长，母亲（继母）是回乡官员（那时有些官员回乡村，我不知是基于何种政策），两人都正直且有水平。我和男孩没大交往，谈不上有任何感情，可男孩的父母对我极好，我对他们也异常钦敬。但考学在即，我坚信自己能考上。于是，我自作主张寄出了两封退亲信，一封给男孩，一封给男孩父母。

我感觉最对不起也最不舍的是男孩的父母，但我想晚痛不如早痛：退掉这门亲事，是早晚的事。

没想到退亲引起了轩然大波，还产生了连锁反应。男孩的父母很伤心很失望或许也有责备——说“或许”是我没有接收到他们的只言片纸。但对这种涉及个人处置权的事，他们当然也不可能直接对我说什么。而反应最激烈的是我的父母。他们及媒人说，你的考学八字还没有一撇呢，人家对你那么好，你哪怕考上学再散呢，那样理由也充分些。我说越是对我好越得现在散，考上学再散多没良心。

另外的连锁反应因涉及当事人隐私在此略去，但其对我继续复习所造成的滋扰，一点也不亚于退亲风波对我的影响。

1978年的高考很快到来了，因为高考的时间已改到夏季，两次高考时间相距仅半年。那次的考点设在离我家九公里的另外一个乡镇，即陵县五中。上午考政治，自我感觉良好。下午考物理。中午，我还在和另一个女同学一起临阵磨枪背题呢。

山东省一九七七年统一招生

（大专）

准考证

姓名

（盖章）

编号 010051

图 2 准考证括弧里的“大专”，是大学和大专的统称。据说那一年全国参加高考的人数是 570 万，大专院校录取共 27.3 万，录取率约 4.8%。

那个女同学和我毕业于同一个中学但低我一级，我俩也是 1977 年恢复高考时，我们全六中参考考生中被初选的仅有的两个女生。结果光顾了背题，下午的考试我们竟迟到了半小时！

这是一种无论如何都解释不清楚的鬼使神差。考试时间事先有通知，考场校园的墙上贴着通告，准考证的背面有注明。两个学习都优秀且头一年都被初选上的考生，怎么就不知道下午几点考试呢？而且，我俩都误认为是 2：30（其实是 2：00），也没有再互相确认一下，就那么双双错误地认定。

考场纪律规定，迟到半小时即取消考试资格。当时在该考点督考的领导是县教育局副局长纪爱华。她知道我们俩去年都入初选了，也非常焦急，但没人敢做主放我们进考场。在通信并不便利的情况下，纪副局长还请示了地区教育局，请示完下来一个小时过去了，我们双双被取消考试资格。

那个女同学叫苗俊英。她的泪水当场流下来，后来她说我当时的脸色煞白，没有了血色。我没有流泪，也不知道后来几天是如何度过的。

我们继续考剩余的科目。最终成绩出来了，在一科零分的情况下，我们的分数都离大学录取分数线相差无几。

这样的一种非常态的落败，当然不会让我就此甘心告别高考。于是一边做民师，一边继续复习。后来，母校的教导主任（教过我数学）阎老师叫小弟捎信给我："叫你姐姐回校复读吧，应届生都争分夺秒，怎么还能一边工作一边复习！"

我回母校复读了，插班到八级一班的尖子班，和我的小弟同班。

那一年的复读，是我人生最苦最累最疲惫的一段学习生涯。两年的蹉跎，两个事件的严重滋扰和一次迟到的考试，使我的心理和精神已千疮百孔。那些无尽的复习题和夜以继日的煎熬，让人心疲力竭不胜其苦。为高考而高考的强迫性苦读，使我再也找不到学习的乐趣。熬啊熬！终于熬到了1979年高考。

那时候的高考，因为大学和中专分报分卷，不像后来一张考卷分批录取。待到报名时，父母知道我那两年是如何度过的，他们担心再有闪失后果难以想象，于是坚决不让我再报大学了。作为恩师也是教导主任的阎老师，反复做我的工作，并把我父母叫到学校，说我一定能考上大学。可我父母比我坚定得多，坚决不同意我再报"大专"。

前两年报考的大学都是理科，也是阎老师建议的。他说你文理都好，而且"文革"结束，百废待举，最需要的是科技人才。可我并不喜欢"科技"，我真正喜欢的是文科或者说文学（尽管那时读书不多）。再说经历了那么多"磨难"，我自己可能

图 3　家庭合影。摄于 1981 年 8 月。

也信心陡减。借着父母的坚决态度，我最后选择了报中专（在报考志愿时偷偷选择了省警校）。为动员我报大学，学校一直在做我及我父母的工作，还推迟了上报名单一周。想来真是愧对母校！

苗同学是和我一起复读的，她说我都报中专她也要报中专。阎老师和她说，你和魏兴荣不同，你是干部子女（她父亲当时是县化肥厂厂长），出路比她多，年龄也小一点。你就别和她比了。幸亏她未被我带到沟里去。1979年，苗同学考上了武汉大学生物系，后又去日本读博，现为山东大学生命科学学院教授。

几度“蹉跎”后，终于考出来了

1979年夏天，我的第三次高考，终于“成功”了。我如愿考上了山东警校——刚上学时叫“山东省公安学校”，1981年毕业时，改为“山东省人民警察学校”，现在已升格为山东警察学院。几经蹉跎，寻寻觅觅，警校成了我通过高考走出乡村后的第一所学校。山东警校是1978年开始招生的，我们1979级是第二级。这两届的学生也成了山东全省公安系统最初的一批“科班”出身的警员。我们两级的学生也常常戏称我们是山东警界的黄埔一期二期。警校，这是我和她不解的缘分吗？

考上警校后，高考之路暂告一段落。后来我又在工作中花了很多时间弥补学历学识的不足，继续不断地求学，此为另一种辛苦。

另外的欣慰是，我插班复读时和小弟同班，小弟的学习成绩在班内一直稳居第一名。因为一班是尖子班，他也等于是稳居年级第一名，甚得老师和同学们的喜爱与高看。高考时他突发急性肠炎，是拔掉吊瓶赶去参加高考的。为防意外，医生还在场外“保驾”。最后成绩公布，小弟以全县第一名的佳绩考上了天津大学，那一年他十六岁。因为都是贫苦子弟，对“志愿”无甚研究，他是否报低了志愿也未可知。

我虽几经蹉跎，但考学的心力终究未衰灭，终于还是考出来了。而且，作为农家子弟，一个“重点”中专，一个名牌大学，一省会，一津门，一家同年考出两个孩子，父母也甚感欣慰和

图 4 毕业合影。摄于 1981 年 5 月。

荣光。

回顾过往，我亲历的高考“蹉跎”岁月当然曾令我伤痕累累，但它也改变了我的人生轨迹。但是，时过境迁，时光疗愈，它大致未在我心中留下什么梗儿。而我曾经的“聪慧”在后来的日子里也渐渐复原，我依然是一颗保持着原生质地的独特生命，人生的路径伸展得也还算差强人意。

应该说，高考，是为出自寒门的子弟们矗立了一架英雄不问出处的云梯。希望这架云梯公允地矗立于耕耘者的脚下，如出海的航船，载着学子们驶向远方，而不被暗流颠覆。

写至此，唯祈愿：人生不易，愿我们的生命不再被各种不测所蹉跎；愿社会中的各种反常与丑恶渐行渐少，留下清明在人间。

特殊年代的大学生活

姚显伟

我于1958年考入成都工学院土木工程系，1961年院系调整转入重庆交通学院道路桥梁系，学制五年，于1963年毕业。

理工科大学是培养工程师的摇篮，我跨进大学校园的瞬间，自豪感油然而生。在大学校门的合影留下了当年的青春芳华。但我的大学时代，高等教育贯彻“教育为无产阶级政治服务”“教育与生产劳动相结合”的方针，经历了从1958年的“大跃进”“大炼钢铁”到不断的政治运动。生活上，又处于国家经济困难、“三年困难时期”的特殊年代……六十年后的今天，回忆当年的大学生活，酸甜苦辣的往事仍历历在目。可以说，历届的大学生们，对我的大学生活都无法想象，难以置信。

在1958年超英赶美、全民“大跃进”的浪潮中，我国大学招生人数从1957年的十万猛增到十八万（我所在的泸州高中应届毕业生几乎全部录取），远远超过当时大学的承受能力。首先面临的是学生的吃饭问题，食堂无法满足学生同时进餐，只好分为两批错时就餐。学生宿舍十分拥挤，一间十平方米左右的寝室安放四张双人床住八个学生。由于教室和教师不足，只能在上百名学生的阶梯教室上大课，教师对学生的辅导答疑

图 1 入学时，我（右三）在校门口与同学合影。

更无暇顾及。

1958 年的全民大炼钢铁运动，大学也不例外。我们经常在课余或夜间去几十公里外，用人力板车为学校的小高炉拉煤运砖。农忙时节，停课去郊区农村参加“双抢”（抢收、抢种）劳动。上述频繁的生产劳动，虽然对大学生也是一种锻炼，但挤占了自习和去图书馆的时间，也谈不上什么教育与生产劳动相结合。

政治课的主要内容是讲马恩列斯论共产主义，讲人民公社“一大二公”的优越性，目的是为即将进入共产主义作思想准备。1958 年刚进大学时，在食堂用餐基本是“自助餐”，学生自己取饭菜（肉食除外），自己付饭菜票，全凭自觉，多少有点共产主义“各尽所能，各取所需”的感觉。1959 年 5 月，学校组织学生去郊区石羊公社劳动，大队伍刚刚走到，公社就大

图 2 实习场景。右二是我。

摆筵席招待我们，一派丰收兴旺景象，让我们对“共产主义是天堂，人民公社架桥梁”这句口号有了切身体会。可惜好景不长，1959 年下半年，粮食、副食品开始实行定量供应，再不能敞开肚子吃饭了。每桌八个学生一盆米饭，后又改为凭卡领取的罐罐饭。正值长身体的大学生，虽然每月配有三十一斤口粮，但因缺少油水，而处于半饥饿状态。同学中有涂改饭卡，冒领饭菜的；有同学因吃野菜中毒，皮肤发黑的。学校为改善学生生活，自己养猪，规定学生有打猪草的任务，一些同学只好去农民地里偷摘菜叶子上交。

同学中仅有一人戴手表（其父亲是大学教授），多数的家境都较困难，连每月九元的伙食费都无力支付。学校设有助学金，分为甲、乙、丙三等（每月九元、七元、五元）。由本人申请、公示、群众评议、学校批准。我没有条件享受助学金，父亲是小学教师，母亲是医生，供我和妹妹上大学，每月仅寄十五元给我，包括伙食费、书本费、理发以及假期回家的路费。

为应对当时国际上“帝、修、反”（即美帝国主义、苏联修正主义和国民党反动派）的威胁，毛主席号召“全民皆兵”，大学生即是民兵。体育课就是操练步伐，练习打靶，推行从苏联学来的“劳卫制”，全称叫“准备劳动与卫国体育制度”。规定各个等级身体训练的评价标准，包括短跑、中长跑、跳高、跳远、举重等项目。为了达标，同学们锻炼热情很高，很刻苦，这对提高学生身体素质大有好处。我耐力不错，曾参加马拉松赛跑，四十多公里的里程，我连跑带走四个半小时。女同学在路边为我们送水，送干粮。但我跑一百米，老是不能达标。有同学教我，起跑时偷跑，终于跑到 14 秒 2（三级运动员标准）。

毕业实习是大学阶段重要一环，也是我们理工科学生早就盼望的。但当时国家交通建设基本停滞，临到我们实习时，偌大一个江河纵横的四川省竟然找不到一处桥梁施工工地。最后才在宜宾地区富顺县安溪镇的一座小型石拱桥工地，实现了这

图 3　院系调整离校时的纪念照片。

个“实习梦”。

1962年后，国家通过国民经济“调整、巩固、充实、提高”的八字方针，人民生活逐步好转。但一场声势浩大的“反击右倾翻案风运动”又在全国展开。重点是批判否定“三面红旗”（即总路线、“大跃进”和人民公社）的右倾思潮。运动也波及大学校园，凡是在政治学习向党交心中，对“三面红旗”认识模糊，怀疑动摇的学生，均受到严厉批判。我的好友中，就有一位受到开除团籍的处分，另一位甚至定为“反动学生”，毕业不予分配，送去劳动教养。

我担任班团支部宣教委员，政治学习时，带头发言，说了一些“错话”，毕业鉴定时多次检讨，方才过关。团支部书记在赠我的相片后留言：“显伟同学，不要悲观失望。”毕业鉴定不仅是个人档案中的污点，更是留给我心灵上抹不掉的阴影。

学校不允许大学生谈恋爱。听说，化工系有个女生因怀孕

图4　毕业合影。二排左六是我。

被开除学籍。但处于青春期的大学生中不乏“暗恋”者，毕业分配时纷纷浮出水面，要求照顾关系，班上有一对成都籍的同学，被分配去了边远的内蒙古，以示惩罚。我曾向一位外号“白牡丹”的漂亮女生求爱，信中引用了不知哪本外国小说里的一句话：“爱情的幸福，好似一座独木桥，如果我妨碍了别人，就让路吧！”虽故作绅士状，但依然遭到拒绝，当时我脸红得无地自容。

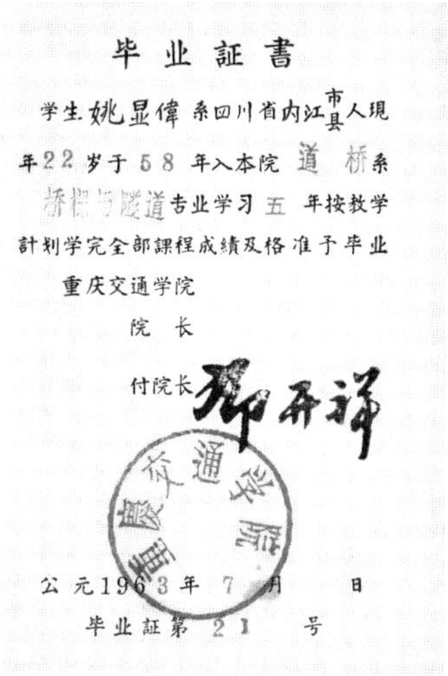
毕业証書

学生姚显偉系四川省内江市县人現年22岁于58年入本院道桥系桥梁与隧道专业学习五年按教学計划学完全部課程成績及格准予毕业

重庆交通学院

院长

付院长

重庆交通学院

公元1963年7月 日

毕业証第21号

图5　我的毕业证书

毕业留影时，百感交集。对辛勤培育自己的母校和老师，对朝夕相处五年的学友，既依依不舍又怀揣梦想，期盼着各自的未来。

幸运的是，1963年秋季毕业时，国家经济形势明显好转。交通建设急需大量专业人才，同学们大多去了专业对口比较理想的中央或省级交通部门，成为交通建设的技术骨干或技术型官员。

在人们的心目中，大学是莘莘学子学习基础理论和专业知识，充满浓郁学风的神圣殿堂。但大学不是真空地带，而是社会的一个部分，必然要打上时代的烙印。我在那个特殊年代的大学校园学习，在比较艰苦曲折的环境中成长，有得有失。无论如何那五年的大学生活，奠定了我人生奋斗的基石，造就了吃苦耐劳、知难而进的品格，留给我人生中一笔宝贵的精神财富。

未毕业的毕业照

常贵宁

这张照片拍摄于1962年，正值20世纪的“三年困难时期”。照片上写着“华东石油局机校试采一班师生合影62.4.21”（注：“机”应为“技”），这是石油工业部华东石油勘探局德州技工学校试采一班结束学业时的合影，却非毕业照。

照片的主人是蒋月明（第二排中间穿花衣服的女士），她是班主任。1960年8月，她跟同届毕业的江延梦、曲富勤、段凤麟、王琦升、陈维信、周官清等同学一起分配到石油工业部华北石油勘探处禹城技工学校，她教化学。她1936年生于浙江省湖州市练市镇，离乌镇有七八公里远，1956年考入西安石油学校（西安石油大学的前身）采油专业。

1960年，遵照石油工业部的要求，华北石油勘探处创办了一所技工学校。根据档案记载，建校是3月份，5月1日开学。建校地点经山东省委批准，在山东省高唐县禹城镇，拨给房子150间，总投资预算为13万元，学校教职工编制为30人。计划在1960年招生200人，招生条件必须是高小毕业以上文化、政治进步、历史清楚、身体健康的15—20周岁的男女青年。学制3年，一般学生的助学金待遇按国家标准每人每月12.2元，

德州技校解散前试采二班合影（蒋月明提供）。

其中用于伙食10元。

1960年9月，技工学校迎来第一批学生。这些学生大部分由德州地区各县推荐而来，其中还有高唐县副县长的儿子，另有部分来自华北石油勘探处职工的子弟，如试油队技术员刘家祥的弟弟刘家成、本校教师张建安的妹妹、本校保管员王惠如的大儿子王同升等人。刘家成说他是完小毕业，二哥给介绍来的，坐火车来到禹城体检，结果因为一路没喝水而致流鼻血没有验上。回家后二哥又让他到本地县医院体检，拿上体检表来上的学。学生有高小毕业的，也有初中毕业的，年龄也参差不齐，刘家成比较小，当时十七岁，还有不少结婚有小孩的。

据当时的电工老师高忠贤回忆，在那儿印象最深的就是吃不饱，曾经派张建安到聊城，花了三十四块钱，买了半袋子地瓜回来。生活太苦了，转过年，学生有一些没回来，教务长尉松耀对他说：“给你辆自行车，找学生去。”他找了幅高唐地图，先到高唐县城招待所住下，吃了一顿饱饭，地瓜面窝头、萝卜条汤，然后到学生家里劝说回去上课。跑了四十多天，找回二十个人，为此还受到了尉科长的表扬。有个钻井班的，家里有爷爷、爹，儿子十五六岁，非留下在家吃饭，给他烀了地瓜、熬了小米稀饭，咸菜里还放了几滴香油。他说：“这辈子都记得这顿饭。”

1961 年，华北石油勘探处跟华东石油勘探局合并，技校搬到德州，在火车站南边不远，在楼上能清清楚楚看见火车站。

笔者还拜访了曲富勤，一副精干瘦削的身材，一派知识分子神采。他说：1960 年 9 月底学校开学，钻井两个班，我跟孙洞平两个人管。教材都是自己编的，编教材为我后来从事钻井配件供应打下了很好的基础。在禹城整天吃地瓜，吃得一天解好几次大便。

段凤麟是学校的内燃机老师，个头高大，方脸大嘴，他回忆道：“我是陕西蓝田人，就是陈忠实写的白鹿原，生于 1937 年秋。在禹城，我亲眼见过禹城街上有个卖馒头的，一块钱一个，外面罩着，有个老头儿上去抢了一个馒头就往嘴里塞。我们要特别感谢蒋月明，她是南方人，回家扛来半袋子大米，熬粥给我们一块儿吃。1961 年上半年，搬到了德州，是中国地质调查大队的一栋楼，三层，还没盖完，主体已经起来了，还没装门窗，一楼还没回填。我们都住在楼里，学生住大间，老师住小间，我跟陈维信住一块儿。有一天晚上，我们的床爬上来一条蛇。技工学校招了三个班：内燃机、钻井、采油，每班五十人左右，一共一百五十人左右。我教内燃机。把学生送走后，教师跟后勤发生了势不两立的斗争，后勤克扣学生伙食，还发现他们炸油条自己吃，老师、学生都吃不饱，吃地瓜蔓子，上锅蒸了，晒干了，再砸碎了，掺到地瓜面窝窝头里；吃胡绿豆，硬得嚼不动，泡到缸里，怕坏了天天换水，泡得软一点，再上锅蒸了吃。不但吃不饱，还拉不下屎，特别是女学生。真可怜，我都浮肿了，两条腿肿得明晃晃的。所以，学校解散以后，我们能饶了他们吗？老师联名给石油部写信，闹了有一个月，不解决问题不罢休，最后把管理员开除了。”

最近，作者电话联系上蒋老师，她因夫妻两地分居调往西安，她激动地说：“1972 年，因为没有干部名额，我按工人身份从胜利油田调到西安西北电建四公司，做白铁工。1978 年恢复高考，很多工地上的孩子要考学，没人管理，公司领导考虑到我当过老师，让我管理他们，也辅导他们。后来公司办了工民建（工业与民用建筑）中专班，我又当中专班的班主任，直到退休，干了十五年教育工作。四个姑娘都是大学生。老大现在是陕西师范大学博士生导师，西北大学硕士毕业，西北工业大学博士毕业；老三是硕士。第三代也是四个大学生。总而言之，我们家庭已经过上小康日子了，我要感谢当初华北石油勘探处让我做教师，我很爱山东，我把山东当成我的第二故乡，因为我的青春就献给了山东石油事业。”

段凤麟说：“这帮学生很好，能学能干，但是 1962 年，技校被整建制撤销，五六月份，分批把学生遣散回家，都哭鼻子，眼睛都哭肿了，老师挨个儿做工作、安慰、送回家。这些学生既可惜又可怜，可惜的是两年学白上了，可怜的是在校期间还一直吃不饱。”

当时的学生刘家成回到老家种地、挖河，于1983年投奔东营已成为胜利油田处级干部的二哥，靠做豆腐、泡豆芽、炸油条，终于养大了三个儿子，都成为大学生。现在一个在济南当大学教师，两个在胜利油田工作。一辈子历尽艰辛，终于有了一个幸福的晚年。他记得他们班长是禹城的林英农，还有焦玉平、顾文友，跟他最要好的同学是禹城马庙的马吉美，有一个同学光记得外号叫“迷糊”。

如今五十多年过去了，这些同学都失去了联系。你们过得还好吗？

· 书讯 ·

定价：68.00 元

开门见山——故乡雁荡杂忆

傅国涌 著

山东画报出版社 2020 年 10 月出版

本书主要讲述了傅国涌对故乡雁荡山人和事的思考，对治学的思索，对历史的探索，对现世的追寻，是不可多得的优秀随笔集。共分三辑“儿时杂忆”“师友杂忆”和“读书杂忆”，共十四篇、二十万字、九十一幅图。作者以私人记忆的视角，糅合雁荡山的地理风貌和人文掌故，向读者展现了一个独特的雁荡山。

一条横幅与一段历史

刘　鹏

这是一张民国时期北京街景照片。照片马路右侧屋檐下悬挂着匾额“西单天福号酱肘老铺”，由此断定，照片拍摄位置是西单北大街南口。西单北大街位于西城区中南部。明代，在路口始设一牌楼，额题“瞻云坊”，故俗称西单牌楼大街，清代又称瞻云坊北大街或西单牌楼北大街。这条商业街上有亨得利表店、玉华台饭庄等商号多达一百多家。照片上，马路两旁店铺林立，有过往的行人和推独轮车的，有拉人力车的，有骑自行车的。此时正经过一辆有轨电车也叫“铛铛车”，车头上方有天桥字样，这辆车从西直门始发，天桥为终点站。可见，当时这条大街的繁华。

照片是由南向北拍摄的，在西单牌楼东拐角处电线杆上悬挂的一条横幅引起我的注意，横幅上醒目地写着“要努力废除不平等条约，取消领事裁判权”。我查阅相关资料后，确定这张照片应该拍摄于 1926 年。

根据史料记载，1926 年 1 月 12 日，法权会议在北京中南海居仁堂“海晏堂”开幕。出席会议的有中、英、美、日、法、意等十三个国家的代表。段祺瑞政府派王宠惠为全权代表并担任大会名誉会长，美国代表戴维为大会主席。北京政府希望通过这次会议达到废除领事裁判权的目的。2 月 1 日，各国代表在北京参观调查。3 月至 4 月休会。5 月 10 日，各国代表离京赴外地参观调查，各地群众纷纷请愿、抗议，主张无条件立即取消领事裁判权。9 月 16 日，在居仁堂召开最后一次会议，通过司法报告。报告书指出，撤销领事裁判权，必须改良中国法律、监狱、法庭，以法院完全独立行使职权为先决条件。虽然原则上赞成取消领事裁判权，但又以目前中国司法“不独立”为由，否定了中国代表提出的收回领事裁判权的合理要求。

法权会议期间，“废除不平等条约”“废除领事裁判权”成为社会各界关注的焦点。一条悬挂的横幅确定了这张照片的

北京西单北大街。摄于 1926 年。

拍摄时间，应该在1926年1月12日，法权会议召开前后。西单牌楼已于民国十二年（1923）拆毁，所以照片上已经看不到牌楼。

1929年，中国政府曾宣布从1930年起废除所有国家在中国的领事裁判权，但因帝国主义国家的抵制，未能实现。1943年1月11日，重庆国民政府和美国、英国分别签署了《中美关于取消美国在华治外法权及处理有关问题之条约与换文》《中英关于取消英国在华治外法权及其有关特权条约》等。之后，直到1947年，中国才陆续恢复了对在中国境内的美、英、挪威、巴西等十二个国家国民的司法管辖权。

书末感言

有感于“一如其旧”

冯克力

七年前，陈丹青先生在《褴褛的记忆》一文里对《老照片》有过许多精辟的论述。他的这篇文章曾在第八十九辑《老照片》里刊载过，大家应该还有印象，这里就不赘述了。

也是在那篇文章里，陈先生还直言：“请《老照片》一如其旧！”希望它继续保持自己“如贫家的摆设”和“洁净而有自尊”的样子。

丹青先生的这份期许，不仅是他个人的，也反映了许多读者的心声。编辑部同仁对此亦倾心认同并久存此念，这些年来，无论世态如何变幻、时风怎样流转，都一直在勉力践行着。

凡事虽说创新难，而守成也非易。尤其当应时趋新成为社会主流，厕身其间，想摆脱随之而来的重重压力乃至诱惑而守成，更是难上加难，即使像《老照片》这样原本就怀旧述往的读物，欲“一如其旧”，也并非那么容易。

《老照片》面世二十多年来，除在内容方面恪守既有的出版理念，力求以平民视角求真求实、还原历史以外，对于开本、装帧、版式、印制等外在面目的改变，也向持保守、谨慎的态度，以免造成读者的不适感——哪怕只是些微的。

细心的读者或许已经留意到，从明年起，《老照片》的定价将从 20 元上调到 25 元。这些年里，国内的物价包括纸张及印刷工价一直呈上涨趋势，《老照片》的此次调价，诚属不得已而为之，还望读者诸君能予体谅。

可见，抛开其他的种种因素不说，仅仅是作为商品的《老照片》，想“一如其旧”，也很难是无条件的啊！